Montpellier. — Typographie de Boehm.

LE
SCEPTICISME

COMBATTU

DANS SES PRINCIPES

SUPPLÉMENT

REVUE SOMMAIRE

des

DOCTRINES SCEPTIQUES

OU DEMI-SCEPTIQUES

ANTÉRIEURES OU ÉTRANGÈRES AU SYSTÈME DE KANT

PAR

EMILE MAURIAL

DOCTEUR ÈS-LETTRES; AGRÉGÉ DE PHILOSOPHIE.

PARIS

A. DURAND, LIBRAIRE-ÉDITEUR

7 — RUE DES GRÈS — 7

1857

LE
SCEPTICISME

COMBATTU

DANS SES PRINCIPES

SUPPLÉMENT

REVUE SOMMAIRE

des

DOCTRINES SCEPTIQUES

OU DEMI-SCEPTIQUES

ANTÉRIEURES OU ÉTRANGÈRES AU SYSTÈME DE KANT

PAR

EMILE MAURIAL

DOCTEUR ÈS-LETTRES; AGRÉGÉ DE PHILOSOPHIE.

PARIS

A. DURAND, LIBRAIRE-ÉDITEUR

7 — RUE DES GRÈS — 7

1857

LE SCEPTICISME

COMBATTU DANS SES PRINCIPES

───────

SUPPLÉMENT

LE
SCEPTICISME

COMBATTU

DANS SES PRINCIPES

SUPPLÉMENT

OBJET ET DIVISION DE CE SUPPLÉMENT.

En combattant d'abord le scepticisme, dans la *Critique de la raison pure* de Kant[1], nous avons voulu commencer par arracher aux adversaires de la cause à la défense de laquelle nous consacrions nos trop faibles efforts, leurs armes les plus redoutables. Nous

---

[1] Encore une fois, nous sommes loin d'assimiler complètement la *Philosophie critique* au scepticisme proprement dit, notamment au pyrrhonisme. « Elle en diffère, avons-nous dit, par le but, par la méthode, par la nature des conclusions. » Elle en diffère par le but, car le but du pyrrhonisme est l'indifférence universelle,

allons essayer de compléter notre œuvre, en soumettant à un examen rapide, ce que nous avons cru trouver
de plus digne d'attention dans les arguments imaginés

---

et celui de Kant est de mettre la morale à l'abri des atteintes de
certaines doctrines métaphysiques, en sapant les fondements de
toute métaphysique. Elle en diffère par la méthode, qui dans Kant
procède *à priori*, en partant d'un système très-arrêté et très-
dogmatique sur la nature et l'origine de la connaissance humaine ;
tandis que les pyrrhoniens arguënt uniquement de l'imperfection de
la science, de l'insuffisance de sa démonstration et de leurs contradictions. Elle en diffère par la nature des conclusions ; car, tandis
que le pyrrhonisme aboutit simplement au doute, Kant ne doute
pas, il nie, et en même temps qu'il nie, il affirme ; il nie le rapport admis communément entre la connaissance et l'objet connu,
et il affirme un rapport tout différent.

« Mais alors, nous objecte un disciple de Kant, par où s'accorde-
t-il donc ? On néglige de nous l'apprendre. » Il s'accorde, répon-
drons-nous, par le dernier résultat, ou, si l'on aime mieux, car peu
nous importent les mots, par un côté, par une partie de ces conclusions et par leur côté le plus important ; il s'accorde avec le pyrrhonisme en ce que, comme lui, il nie la connaissance humaine,
du moins ce que tout le monde entend par là ; il va même en cela
plus loin que le pyrrhonisme, car il refuse à l'esprit humain tout
pouvoir d'y arriver jamais, tandis que les négations du pyrrhonisme se bornaient au présent. Bien loin de négliger d'exprimer
notre pensée sur ce point, c'est par là que nous avons débuté en
disant : « Elle (la doctrine de la *Critique de la raison pure*) offre
au plus haut degré le caractère essentiel du scepticisme, dont le
propre est de nier toute science digne de ce nom, toute connaissance de la vérité, etc. »

On nous accuse de « n'avoir pas saisi le véritable but du philosophe de Kœnigsberg, qui était de déterminer les limites de là
connaissance humaine. « Ce but, ajoute-t-on, il l'atteignit en

en dehors de la *Philosophie critique,* pour renverser les principes du sens commun et de la science et nous faire révoquer en doute, soit la raison tout entière et

démontrant que nous ne pouvons percevoir des choses que leurs rapports; que l'espace en soi, l'étendue en soi, le temps en soi, etc., n'existent pas ; qu'ils ne sont que des formes de la sensibilité; qu'en un mot la connaissance humaine ne peut aller au-delà de la représentation ou du phénomène.

C'est précisément ce que nous avons dit , sauf que nous avons mis tous nos soins à distinguer tout ce que notre critique s'obstine à confondre, au préjudice de l'éminent philosophe qu'on prétend défendre et à qui nous avons rendu justice mieux qu'on ne la lui rend , autant qu'au détriment de la clarté et de l'exactitude. Nous avons distingué entre les intentions primitives de Kant et les conséquences inévitables , les unes avouées, les autres méconnues par lui , des principes de son système. Nous avons distingué entre relatif et subjectif , entre réduire l'objet de la connaissance aux seuls rapports des choses, et supprimer tout objet. Ces distinctions établies, nous avons accordé que le philosophe de Kœnigsberg s'était d'abord proposé , non d'anéantir la connaissance humaine , mais d'en déterminer les limites et de la réduire aux seuls rapports des choses. Mais, avons-nous ajouté, il fut conduit, bon gré mal gré, par la force de ses principes, à refuser à l'esprit humain tout moyen d'atteindre ces rapports aussi bien que les termes qui les soutiennent, et d'échapper aux bornes étroites de la sensation ou représentation sensible; en deux mots, voulant tout réduire au relatif, il fut invinciblement conduit à tout réduire au subjectif. Notre critique veut absolument confondre ces deux notions : libre à lui, quoique ce soit tout brouiller; mais par là, Kant, qu'il prétend défendre contre nous, devient sceptique, non-seulement de fait, comme nous l'entendons, mais d'intention. Qu'ont voulu de plus, en effet, les sceptiques les plus déclarés , que de réduire nos principes à des représentations sans objets représentés?

son aptitude à nous mettre en possession de la vérité, soit quelqu'une des facultés qui la constituent.

Notre raison est faible, bornée, sujette à l'incertitude et à l'erreur, trop souvent incapable de répondre aux plus légitimes aspirations de notre ardente curiosité. Qui pourrait songer à le nier ! Ce que nous combattons dans le scepticisme, ce n'est certainement pas, redisons-le bien, le sentiment de cette triste mais incontestable vérité. Ce sentiment est, à nos yeux comme aux yeux de tous les maîtres de l'art de penser, la première condition de la vraie sagesse, et il fut, on le sait, le caractère distinctif de celle de Socrate. Mais en cherchant à le répandre autour de lui, en enseignant à ses concitoyens, par son exemple, à se méfier de leurs propres pensées, en les exhortant à ne pas juger des choses qu'ils ignoraient comme si elles leur étaient connues, ce sage incomparable n'entendait nullement servir le scepticisme ; il voulait, au contraire, prévenir la cause qui lui donne le plus souvent naissance et faire disparaître, pour l'avenir, les prétextes fournis aux exagérations qui le constituent par les excès opposés d'un dogmatisme intempérant.

En quoi consistent donc ces exagérations? Quel est le point précis où elles commencent et où le sentiment socratique commence à tourner au scepticisme ? C'est, suivant nous, celui où il commence à tourner au découragement, où, au lieu de nous exciter à redoubler d'efforts pour vaincre les difficultés de la science et de précautions pour éviter les dangers d'erreur que l'esprit y rencontre trop souvent, il nous en détourne, au contraire, par l'idée accablante qu'on se forme de ces difficultés et de ces dangers. Le scepticisme est au comble lorsque, désespérant complètement de la vérité et regardant comme démontrée l'impuissance de la raison à la découvrir, on y renonce à tout jamais et on érige systématiquement en loi souveraine de la vie l'inertie intellectuelle et la paresse d'esprit.

C'est là ce que nous regardons comme un mal et un très-grand mal, ce que nous voulons combattre, et ce qui a été combattu, dans tous les temps, par les philosophes qui ont laissé le meilleur renom, notamment par les stoïciens. Ils avaient parfaitement compris, ces vrais philosophes, que l'homme ne vaut que par la force et le développement de ce *principium rationabile* qui est son essence propre et le fondement de sa dignité ; que c'est de là que tout dépend, soit dans l'harmonie intérieure des puissances de l'âme, soit dans celle des sociétés, comme tout, dans l'harmonie universelle des mondes, dépend de la raison suprême par qui tout est réglé. Bien loin de songer à comprimer ce

principe ; bien loin de vouloir, comme certains défenseurs modernes mieux intentionnés que bien inspirés
de leur noble morale, anéantir la connaissance ou la
réduire, ainsi que le fait Kant, à d'insignifiantes représentations sans objets représentés, et la vérité à je
ne sais quel caractère de ces représentations, dépourvu
de tout rapport à l'être des choses ; ne séparant jamais
le bien du vrai, le vrai de l'être, ils repoussèrent toujours avec une égale énergie les doctrines qui ébran-
laient les fondements du savoir humain ou de la foi à
la réalité des objets de nos pensées, et celles qui rui-
naient les bases de la moralité et du bien public. C'est
par des sentiments analogues que nous avons été constamment soutenu et dirigé dans la lutte que nous
allons poursuivre.

Le scepticisme n'est pas naturel à l'homme : la confiance dans la lumière qui nous éclaire est notre premier mouvement. Pour arrêter ce mouvement, pour
nous pousser de cet état de confiance aux extrêmes
défiances du scepticisme, il faut des causes puissantes.

Il en est de deux sortes et elles se manifestent par
deux sortes d'arguments : les uns, destinés à persuader
et intéresser nos cœurs plus qu'à convaincre nos esprits,
ont pour caractère propre de chercher à nous attirer
au scepticisme par la séduction de ses heureux résul-

tats, en nous le représentant comme un bien, en nous faisant considérer la foi à la raison comme un mal, comme un obstacle au bonheur de l'homme, à la paix des sociétés, comme un danger pour la morale, ou une cause de désolation pour nos sentiments les plus profonds et les plus chers. Les autres, s'adressant exclusivement à l'esprit, ont pour objet de combattre directement cette foi, de contraindre la raison, par la force de ses propres principes, à se condamner, à se renier elle-même ; en un mot, de prouver que le scepticisme est le seul vrai comme le seul bien. Ceux-ci à leur tour se distinguent en deux classes, suivant qu'ils ont pour but, ou de renverser d'un seul coup la connaissance humaine tout entière, ou de détruire telle ou telle de ses parties ; soit la connaissance sensible, soit celle que nous acquérons de l'âme par la conscience, soit enfin celle des vérités nécessaires, éternelles et universelles.

Les arguments généraux de l'un et de l'autre genre constituent la polémique propre du scepticisme. Nous les réunissons dans un premier chapitre. Nous traiterons dans un second chapitre les arguments spéciaux qui sont communs aux sceptiques et aux doctrines exclusives dont le scepticisme résume les diverses négations.

CHAPITRE PREMIER.

ARGUMENTS GÉNÉRAUX DU SCEPTICISME.

I. *Arguments moraux*. — Nous nommons ainsi ceux que nous avons dit s'adresser au cœur plus qu'à l'esprit, et qui ont pour objet de servir la cause du scepticisme en nous inspirant la haine ou le dégoût de la raison et de ses œuvres. Ils pourraient fournir matière à une longue et intéressante étude. C'est véritablement un fait bien digne d'attirer les regards, que le développement de ces étranges dispositions qui ont pu porter tant d'hommes justement célèbres , et des caractères les plus divers, à concevoir la haine dont nous parlons , à prendre passionnément parti pour les plus tristes maximes du scepticisme contre la raison et la foi commune, au nom même des sentiments et des intérêts auxquels ces maximes semblent répugner le plus; et il faut convenir que ces intérêts sont souvent en eux-mêmes singulièrement graves ; qu'ils le sont assez pour que le philosophe le plus sincère, le plus disposé à s'étonner qu'on puisse songer à faire intervenir dans les débats de la pensée des considérations étrangères à la vérité, se sente forcé d'en tenir compte.

Mais notre dessein actuel n'exige pas que nous poussions bien loin ici cette étude : afin de nous convaincre, en effet, combien il faut mal entendre les grands intérêts dont nous parlons, pour en chercher le salut dans les négations du scepticisme, combien les sentiments qui portent à combattre la raison au nom de ces intérêts, sont mal fondés, mal raisonnés et peu conformes aux sentiments naturels d'où on les fait dériver, il n'est besoin ni de bien longs raisonnements ni d'une réflexion bien profonde, il suffit de la plus légère attention et d'un peu de bon sens.

Quel bien peut-on attendre de ces tristes négations ? Les uns y cherchent les avantages immédiats du doute, la paix et le repos de l'indifférence, l'impassibilité (ἀπάθεια) dans laquelle Pyrrhon et ses disciples faisaient consister tout le bonheur ; les autres, au contraire, la satisfaction du besoin de croire, la liberté de chercher cette satisfaction ailleurs que dans la raison, et d'affranchir les idées qui leur sont chères du contrôle importun de cette faculté. La contradiction de ces prétentions suffirait presque seule pour en faire justice, car il n'est pas possible que le bien consiste à la fois à douter de tout et à pouvoir ne pas douter. Tout ce qu'on allègue pour justifier l'une quelconque des deux, condamne nécessairement l'autre, et

d'un autre côté ne peut être vrai que dans la mesure où
il la condamne, qui est celle que la raison impose tout
à la fois à nos affirmations et à nos doutes. Exami-
nons-les pourtant chacune séparément.

D'abord, pour celle du pur pyrrhonisme, quelle
idée fausse et honteuse n'implique-t-elle pas du bonheur de l'homme ? Qu'est-ce, en effet, que l'indifférence
dans laquelle le pyrrhonisme nous invite à chercher
le bonheur ? Est-elle autre chose que l'indifférence au
bien, à la justice, à la vérité, au devoir, à tous les
objets de nos émotions les plus généreuses ? N'est-ce
pas à ces objets que se rapportent avant tout les agitations qui naissent des idées et des jugements de
l'esprit, les seules évidemment dont le doute puisse
nous affranchir ? En supposant qu'une telle indifférence fût possible, ou qu'il le fût d'y trouver le repos
et le bonheur, loin de toutes les joies de la conscience
et de la pensée, dans la privation de tous les plaisirs
les plus purs, les plus durables, les moins mélangés
d'amertume, quel homme de cœur et d'honneur
pourrait vouloir du bonheur à un tel prix ? Et comment, avec la moindre connaissance de la nature humaine, croire à la possibilité de ce bonheur ? Comme
si l'âme et l'esprit n'avaient pas aussi leurs inévitables
aspirations et leurs impérieux besoins ; comme si le

doute et l'ignorance sur certains objets, sur ceux mêmes auxquels se rapportent ces émotions d'un ordre supérieur qui sont, disons-nous, les seules dont le doute puisse nous préserver, n'étaient pas le plus insupportable des tourments !

Ne nous laissons pas abuser par les mots ; ne confondons pas l'impassibilité pyrrhonienne avec cette noble insensibilité aux coups du sort et aux misères de la vie, que les disciples de Platon puisaient dans leur sentiment enthousiaste de l'universel et du divin, et ceux de Zénon dans un amour de la vertu tellement exclusif, que tout le reste était à leurs yeux comme n'étant point. Elle est tout l'opposé : elle nous rend insensibles uniquement à tout ce qui pourrait élever nos âmes ; au lieu de nous faire planer au-dessus des mesquins intérêts de l'égoïsme, elle n'a d'autre but que de nous abaisser au-dessous, d'autre effet que de nous maintenir à leur niveau et de nous livrer sans défense à toutes les causes d'agitation les plus basses et les moins dignes de nous occuper.

Il en est des sociétés à qui s'adressent plus souvent les promesses du pyrrhonisme moderne, comme des êtres qui les composent. Le repos auquel cette triste philosophie ose les convier, ne serait, s'il était possible, que le repos de la mort, le repos de l'eau qui croupit ou du cadavre qui se dissout. Sans doute, le zèle exagéré qui naît parfois des convictions arrêtées, peut avoir ses abus et ses dangers ; il peut, suivant les cas, rendre les esprits perturbateurs ou intolérants et persécuteurs. Mais n'y a-t-il donc pour les peuples aucun autre moyen de prévenir ces dangers et ces abus, que de renoncer à toutes les sollicitudes, à tous les labeurs qui ont pour objet le bien, l'honnête, le vrai, le juste ? Ne peut-on sauvegarder les principes d'ordre et d'autorité, qu'en vouant la liberté au mépris ; sauvegarder la liberté et les droits des consciences, que par la ruine de ces mêmes principes ? N'est-il pas de la dernière évidence, au contraire, que la vraie force de ces deux grands intérêts, bien plus solidaires qu'opposés, est dans les lumières de l'esprit, dans la force de la raison, qui seule peut en faire sentir le prix et en faire comprendre les lois et les conditions ; que le scepticisme les sape l'un et l'autre dans leur fondement, et que c'est là l'unique cause de l'attrait qu'il offre aux passions des partis, en les flattant dans ce qu'elles ont de haineux et d'exclusif ? Le beau sujet de triomphe, en effet, pour les droits de la conscience et de la pensée, pour la cause de la liberté, de pouvoir parvenir à persuader aux hommes que l'usage des facultés pour lesquelles on réclame cette liberté, n'est propre qu'à nous conduire à l'abîme et à détruire les conditions de la vie; le beau moyen de faire aimer ces droits et d'en faire sentir le prix ! Et, d'un autre côté, le beau moyen d'affermir l'autorité des lois, qui font l'unité de l'organisme social et les pouvoirs autour desquels doivent se grouper les grands dévouements, que d'ôter toute raison d'être au dévouement, d'éteindre partout le foyer des passions généreuses, et de livrer les cœurs sans contre-poids à toutes les sollicitations des basses cupidités et de l'égoïsme!

Nous pouvons donc l'affirmer , quoi qu'en disent Montaigne après Pyrrhon et toute son école, qu'il s'agisse de chacun de nous ou qu'il s'agisse de la société : le doute universel n'est nullement l'oreiller convenable à notre faiblesse. Ce n'est pas le refuge de la vraie sagesse, qui ne cherche à s'affranchir des agitations de la vie que pour mieux se donner à la vertu ; ce ne pourrait être que celui de la lâcheté , de la paresse et de l'égoïsme, qui ne redoutent, dans les convictions de l'esprit, que les devoirs et les sacrifices qu'elles imposent. Pour quiconque a le cœur un peu haut placé, ce ne peut être qu'un sujet de profonde tristesse et d'amère désolation.

En faisant du doute universel le dernier terme de la sagesse ; en plaçant le souverain bien dans l'igno-

2

rance absolue, les purs pyrrhoniens n'ont fait qu'ou-
trer jusqu'à l'absurde la simple et grande maxime
socratique : qu'il est bon de douter de ce qui est
douteux, et de ne pas croire savoir ce que l'on ignore.
Si cette maxime est en effet l'expression du bon sens
et de la sagesse la plus élémentaire, que penser de
ceux qui voudraient anéantir la raison pour se mettre
à l'abri des doutes qu'elle fait naître ?

Qu'il nous soit permis de leur adresser une simple
prière : c'est de vouloir bien nous dire quel est le principe de foi si ferme, si sûr, si fécond, si bien en
harmonie avec les besoins de la conscience et du cœur,
ou avec les intérêts de la société, qu'on prétend substituer à la raison; de vouloir bien, s'il est possible,
définir ce principe avec quelque précision, puis le
comparer un instant avec celui qu'on repousse? Nous
disons le principe de foi et non la doctrine; car, si on
nous propose une doctrine arrêtée en nous disant :
« Voilà la vérité, c'est là que notre foi doit se reposer,
c'est là que la raison doit nous conduire, sinon être
maudite et condamnée, » nous demanderons d'où vient
qu'on s'attache à cette doctrine? Si c'est pour l'évidence ou la vraisemblance qu'elle offre à l'esprit, c'est
la raison qu'on prend pour juge; car elle seule peut
recevoir l'impression de l'évidence ou de la vraisem-

blance et en être juge ; c'est à elle seule qu'on se soumet. Si c'est pour quelque autre motif, la question reste entière. D'où vient ce motif; d'où peut-il venir; de quelle source autre que la raison, autre que la connaissance des choses, peut naître la foi ?

Je dis qu'il ne saurait y en avoir d'autre que la force même de nos sentiments et de nos désirs, unis aux instruments de persuasion qu'il est dans leur nature de pouvoir mettre en jeu, c'est-à-dire, à défaut des arguments et des faits qui peuvent mettre fin aux incertitudes de notre esprit en l'éclairant et en le fixant à la vérité, l'imagination et le sophisme qui l'enchaînent à sa trompeuse image. Que l'on cherche, que l'on examine, qu'on se rende un compte tant soit peu rigoureux de ses pensées, et on verra que tout se ramène à cette force aveugle, ou à la raison, ou au concours des deux. Nous avons déjà eu l'occasion de le reconnaître pour la *raison pratique* de Kant : les maximes de cette prétendue *raison pratique* ne sont que de nobles vœux réalisés, comme il paraît évidemment à la manière dont on les déduit[1]: la conscience, cet instinct divin que J.-J. Rousseau

[1] Voici trois propositions : l'existence en nous de la notion de la loi morale et des sentiments qui nous poussent à l'accomplir ; l'existence d'un Dieu rémunérateur et vengeur donnant une sanction à cette loi ; une vie future, théâtre des récompenses et des

croit pouvoir élever si fort au-dessus de la raison,
n'est que raison et sentiment ; c'est la présence en
nous des notions du bien et du mal, du juste et de l'injuste, etc., avec tout le cortége des émotions que ces
notions ont le privilége de réveiller dans les profon-
deurs de la sensibilité morale. La foi à l'autorité, qui
semble offrir un aussi parfait contraste avec la raison
et avec le sentiment, avec tout ce qui tient à notre être

châtiments qui doivent constituer cette sanction. Il s'agit de dé-
duire les deux dernières de la première. Pour qui suit la raison,
cette déduction s'opère tout naturellement ainsi qu'il suit : Ces
principes de justice et de vertu que nous trouvons dans nos âmes,
le sentiment moral et tout ce qui, dans nos facultés et nos pen-
chants, tend au bien et ne peut avoir d'autre effet que le bien, dé-
montrent la justice, la sainteté, la bonté de la cause qui nous a
donné l'être, puisque tout ce qui est dans l'effet doit avoir sa raison
dans la cause. Or, un être juste et bon doit vouloir que la vertu
soit récompensée et le méchant puni. Ils ne le sont pas dans cette
vie, donc ils le seront dans une autre, donc il y a une autre vie.
Ce n'est pas ainsi que procède Kant : De l'existence de la loi morale il conclut la nécessité d'une sanction à cette loi et à celle de la
vie future qui en est la condition, et de cette double nécessité celle
du législateur souverain sur la justice et la puissance duquel
l'homme de bien doit se reposer. C'est là ce que j'appelle conclure
d'un vœu à un autre vœu, suivant la méthode du sentiment. On s'é-
tonnera peut-être qu'un esprit d'une telle trempe, si raisonneur, si
rigoureux, si porté à l'analyse et si maître de lui-même, ait pu
céder aux entraînements de cette méthode. Mais Kant n'offre-t-il
pas tous les sujets d'étonnement, tous les contrastes ? N'est-il pas,
de tous les auteurs qui ont écrit sur les matières philosophiques, le
plus impossible à définir, à classer, à comparer à aucun autre ?

individuel, a elle-même son origine dans la raison ou dans le sentiment, et en tire toute sa force. L'autorité n'est pas à proprement parler un principe ; ce n'est pas un principe premier ; c'est un objet de foi que l'on accepte pour tels ou tels motifs, et c'est dans ces motifs qu'il faut chercher le principe. S'ils se tirent de l'objet même, si l'on s'incline soit devant l'autorité du nombre, soit devant celle du mérite personnel, soit enfin à l'idée de l'origine divine et surnaturelle d'une doctrine ou d'une institution, ce principe est la raison; en se soumettant, c'est à la raison qu'on se soumet. Si, dans ce cas, la raison paraît elle-même se soumettre en acceptant, malgré leur invraisemblance intrinsèque, les décisions de l'autorité, elle ne fait qu'obéir à ses propres lois en sacrifiant une vraisemblance plus faible à une vraisemblance supérieure ou à l'évidence. Si on se soumet pour le bonheur qu'on éprouve à se soumettre, pour la paix que la conscience trouve dans la soumission ou par la crainte des maux auxquels on s'exposerait en résistant, ou pour quelque autre affection de cette nature, le principe de la foi est le sentiment. Tout ceci s'applique à la Révélation. Elle est nécessairement, pour le croyant, de deux choses l'une : ou un fait démontré par des preuves, soit historiques, soit morales, soit métaphysiques ; ou un pur objet de sentiment admis pour la joie qu'il en ressent, la paix et le repos qu'il espère y trouver. La question est donc tout entière entre la raison et le sentiment, entre la méthode de juger par sentiment et la méthode de juger par raison.

Qu'est-ce que juger par sentiment? Ces mots sont pris dans bien des significations diverses et que l'on confond très-souvent, ce dont il ne faut pas s'étonner, l'état d'un esprit qui est porté à préférer à la raison cette manière de juger, disposant peu à l'analyse. Le mot sentiment désigne souvent telle ou telle partie, tel ou tel mode de la faculté de connaître : l'évidence immédiate (ex. Pascal); le sens intime (ex. Jacobi), la conscience morale (ex. J.-J. Rousseau). Dans ce cas, juger par sentiment c'est évidemment juger par la raison; car juger par la raison, c'est juger d'après la connaissance que nous avons des choses, quels que soient d'ailleurs l'origine, le caractère et l'objet de cette connaissance. De plus, le sentiment proprement dit se mêle de mille manières à la raison, contribue de mille manières à former nos jugements, sans contredire en rien l'autorité de cette faculté, sans que ces jugements cessent d'être entièrement fondés sur la raison. C'est, par exemple, évidemment juger par raison, tout en s'appuyant sur le sentiment, que de prendre les affections du cœur, comme on prendrait tout autre fait, pour base de telles ou telles considérations, soit sur la cause de notre être, soit sur nos devoirs ou sur nos destinées, ainsi que l'ont fait les stoïciens et récemment M. Jouffroy ; ou bien de s'en servir, ainsi que l'a fait J.-J. Rousseau, pour juger les systèmes psychologiques qui conduisent à les méconnaître. On juge encore tout à fait par raison, tout en subissant l'empire du sentiment ou des affections du cœur, lorsque ces affections n'ont d'autre effet que de nous exciter à chercher la vérité et à nous y attacher. Cette influence du sentiment est très-heureuse et même très-nécessaire; et à considérer les choses par ce côté, il est vrai de dire que toute lumière, toute foi, toute conviction, viennent du cœur. Mais elles n'en viennent que par l'intermédiaire de la raison : c'est toujours l'esprit qui juge; c'est toujours sur la perception plus ou moins nette et sûre de la vérité que se fonde notre adhésion.

Quand donc la méthode de juger par sentiment se distingue-t-elle de la méthode de juger par raison? C'est lorsqu'elle nous fait prendre pour règle de nous persuader qu'une chose est, par cela seul que nous désirerions qu'elle fût. Alors, non-seulement elle s'en distingue, mais elle lui est très-opposée, et il semble difficile, en effet, pour qui examine de sang froid, de ne pas la trouver souverainement déraisonnable et insensée. C'est ainsi qu'en jugeait Bossuet, qui l'appelait «le plus grand dérèglement d'esprit [1]. »

Cet arrêt est-il trop sévère ou trop absolu? Peut-on faire une exception en faveur des sentiments d'un certain ordre, en faveur des plus nobles, des plus élevés, et leur accorder, au moins dans le silence de la raison et dans l'ignorance où elle nous laisse de la vérité, le privilége d'exercer sur notre foi un empire dont la seule pensée nous révolte, quand il s'agit des affections d'une nature inférieure? Le pouvons-nous jamais, sans enfreindre les lois de l'honnête et sans manquer de sincérité envers nous-mêmes? Grave question, dans laquelle nous n'avons pas à entrer. Nous avons seulement à nous demander s'il peut jamais être bon, lorsque la raison parle, de vouloir étouffer sa voix; lorsque la lumière peut s'offrir à nous, d'en détourner nos regards pour ne consulter que les inclinations de nos cœurs, pour faire prévaloir systématiquement ces inclinations sur l'évidence ou la vraisemblance qui les heurtent, et finalement, pour mieux pouvoir nous donner sous ce rapport plus libre carrière d'essayer de nous persuader que la raison n'est rien, qu'elle n'a

[1] *Traité de la connaissance de Dieu et de soi-même;* chap. I.

d'autre pouvoir que de nous convaincre de son impuissance et de son néant.

Posée dans ces termes , la question sera facilement
résolue , non-seulement par la raison , mais par le
cœur lui-même , par nos sentiments ; et il est à croire
que si on l'eût toujours conçue avec cette précision et
envisagée de sang froid , si on ne fût pas resté dans le
vague , si on n'eût pas constamment confondu les deux
termes de la comparaison , et attribué à l'un ce qui
n'appartient qu'à l'autre ; si on n'eût pas cédé à des
émotions qui ne laissaient aucune place à la réflexion,
on n'aurait guère songé à la résoudre contre la raison.
Un aussi entier mépris de la vérité semble impossible.
Certes, l'amour de la vérité, le désir de connaître, et la
science qui en est l'objet propre, ne sont pas tout l'homme. Nous comprenons même qu'on élève fort au-dessus
de la science et de ses aspirations, soit les sentiments
qui font l'honnête homme , soit les joies de l'amour
qui s'exalte à la pensée des perfections et des bontés de
l'Être souverain. Mais enfin, l'amour de la vérité se
mêle à tous nos sentiments, et plus particulièrement aux
plus élevés et aux plus profonds, notamment au sentiment moral et au sentiment religieux, à l'occasion desquels se produit surtout le débat qui nous occupe; il en
fait essentiellement partie. Qui aime le bien veut sa-

voir ce qui est vraiment bien, et ne pas s'exposer à le
confondre avec le mal. Qui veut sérieusement prati-
quer les lois de l'honnêteté et de la justice, veut connaître ces lois et ne pas prendre pour honnête et juste
ce qui ne l'est pas. Il a d'ailleurs le mensonge en
aversion ; s'il tombe dans l'erreur, c'est malgré lui, et
la pensée de s'y jeter par une volonté préméditée doit
lui faire horreur. Qui est possédé de l'amour de l'Être
divin, veut connaître ce qu'est véritablement cet être,
ses vrais attributs, ses véritables volontés, les vrais
devoirs qu'il nous impose, et s'assurer sérieusement
de la réalité de l'objet de son amour.

Le désir de croire, quel qu'en soit l'objet, est originairement identique à la soif du vrai ; comment songer à les séparer ? Croire n'implique-t-il pas penser
que ce que l'on croit est en effet tel qu'on le conçoit ?
Or, supposerons-nous que la nature des choses et la
vérité se règlent sur nos désirs ? On voudrait se le persuader, qu'on n'y réussirait pas. De là vient que l'on
cesse de croire, par cela seul qu'on s'aperçoit n'avoir
cru que par le désir qu'on avait que la chose fût telle
qu'on se l'était persuadé. Quand la force de nos désirs détermine notre jugement, c'est toujours à notre
insu ; il est dans la nature de la foi que cette force
produit, de s'évanouir par cela seul qu'on en reconnaît

la source. Vouloir l'en faire jaillir sciemment, c'est vouloir suppléer au défaut d'aliment par le tourment de la faim, ou donner pour unique planche de salut au malheureux naufragé l'énergie de son désespoir.

Mais enfin, n'en fût-il pas ainsi, est-ce donc tout de croire ; et suffit-il de l'énergie qu'une foi vive et inébranlable peut communiquer à nos facultés, de la constance qu'elle peut imprimer à nos facultés ? N'importe-t-il en rien que cette énergie soit dirigée vers le bien, ou que du moins elle ne lui soit pas un obstacle et ne serve pas au triomphe du mal ? Comment la sensibilité, prise pour règle de nos jugements, préviendrait-elle ce malheur ? Est-il un seul de nos sentiments, même parmi les meilleurs, qui, abandonné à lui-même et gouvernant à son gré l'imagination, en l'absence de tout contrôle de la raison, puisse ne pas enfanter mille chimères extravagantes et dangereuses ? Puis, qu'est-ce qui nous garantira que les meilleurs sentiments prédomineront toujours sur les mauvais ? Comment, dans l'éclipse de la raison, le choix entre les uns et les autres sera-t-il possible ? Pussions-nous faire ce choix, comment accorder à une partie de nos sentiments un privilége refusé aux autres ? Tout s'y opposera, la force de l'habitude, de l'analogie, de l'exemple, cette secrète logique qui se mêle et préside au dévelop-

pement de tout principe, bon ou mauvais, pour en pousser les conséquences jusqu'au bout , et surtout l'état
d'entraînement aveugle où doit nous jeter la méthode du
sentiment pour avoir son effet. Nos aspirations les plus
nobles, les plus élevées, ne sauraient avoir par elles-
mêmes à cet égard aucun avantage sur les plus basses
et les plus désordonnées. Tout dépendra du degré de
vivacité des unes et des autres ; de sorte que le dernier
terme de la méthode de juger par sentiment sera de
nous livrer pieds et poings liés à la tyrannie de celle de
nos affections qui l'emportera sur les autres en violence.
Est ce bien là le moyen de sauver les croyances ou
les idées qui imposent parfois de si dures lois à nos
faibles cœurs, et ose-t-on espérer voir nos affections et
nos inclinations se régler partout d'elles-mêmes, comme
elles ont pu l'être dans l'âme d'un Gerson, d'un Pascal
ou d'un Kant, et pousser tous ou la plupart des hommes, comme il est arrivé pour ces natures d'élite ,
à s'attacher aux doctrines proposées à leur foi, uniquement pour ce qu'elles peuvent offrir de plus aus-
tère ou de plus doux pour une âme aimante ?

Une telle espérance, inconcevable partout, ne de-
vrait-elle pas étonner particulièrement chez ceux qui
se forment de la nature humaine et de l'étendue de
sa corruption, les idées que s'en forme l'auteur des

Pensées? Si la nature humaine est corrompue, n'est-ce pas surtout dans le désordre de nos sentiments que se manifeste cette corruption? Si la raison en porte les traces, n'est-ce pas surtout, comme le veut Bossuet, dans la faiblesse à laquelle elle se montre malheureusement si sujette, de se laisser gouverner par les passions au lieu de les dominer et de les régler, et n'est-ce pas aussi de ce faux rapport de subordination que dérive avant tout le désordre de nos sentiments?

La sensibilité imprimera-t-elle à nos jugements ce caractère d'uniformité qu'on reproche si amèrement à la raison de ne pouvoir leur donner? D'où la sensibilité pourrait-elle tirer cette merveilleuse aptitude? N'est-elle pas la variabilité et la diversité mêmes? Mais alors même que les inclinations des hommes offriraient le caractère d'uniformité que la nature leur a refusé, cela ne suffirait pas pour que la même uniformité dût se remarquer dans les opinions et les croyances déterminées par les inclinations. Le même sentiment peut s'attacher à des objets très-divers, et ces objets, le sentiment ne les tire pas de son propre fonds. Pour qu'il se les crée, il faut qu'il mette en jeu quelque autre principe, soit la raison elle-même plus ou moins sophistiquée, soit l'imagination; c'est-à-dire qu'il ajoute aux divisions qui résultent de l'imperfection de la raison et du défaut du nos idées, toutes celles qui peuvent naître du principe le plus capricieux, le plus fantasque, le plus mobile, et de tous les vents du hasard auxquels peut céder ce principe.

En même temps qu'elle ajoute ainsi, loin d'y remédier, aux causes qui nous divisent, elle imprime à nos divisions un caractère d'aigreur et d'âpreté singulières. Elle transforme en antipathie souvent violente les plus simples dissentiments. Si elle est prise pour unique juge, elle les rend interminables, en rendant toute discussion impossible et la vérité même incommunicable. Elle les irrite et les envenime en nous habituant à considérer nos opinions comme un bien qui nous est propre, et ceux qui les combattent comme des ennemis personnels de notre bonheur. Il arrive aussi que ne sachant rien distinguer, et unissant par suite toutes les erreurs et toutes les vérités par un lien indissoluble, elle ne saurait entendre nier le moindre trait de l'objet de son culte sans s'indigner, comme si on niait tout ; et qu'il faut, ou qu'elle sauve tout, ou qu'elle perde tout à la fois. Comment pourrait-elle, d'après tout cela, ne pas pousser à la violence ? Quelle autre arme laisse-t-elle d'ailleurs au prosélytisme, pour vaincre la résistance des esprits que la diversité des dispositions du cœur doit rendre rebelles à ses enseignements ?

Tel est le refuge que nous offre le sentiment séparé de la raison et se substituant à son autorité. Qu'on vienne après cela accuser, comme on le fait avec une si malheureuse animosité, les erreurs, les incertitudes de cette dernière faculté, et les divisions auxquelles elle nous expose! La raison désintéressée a au moins cela de bon, que les divisions auxquelles ses jugements donnent lieu n'engendrent point de haine, et qu'on voit la possibilité d'y mettre fin. Ses erreurs ne sont pas irrémédiables; celui qui la prend pour guide ne s'y obstine pas. Il ne s'irrite pas contre qui veut les combattre; il ne regarde pas la discussion comme une attaque ennemie qu'il faut éviter ou dont on doit sortir vainqueur à tout prix. Il sait y voir, au contraire, une assistance à recevoir ou à donner contre l'erreur, seul mal qu'il redoute. Quant aux doutes qui trop souvent nous assiégent, comme la raison sait distinguer et séparer ce qui doit l'être, et ne pas tout amalgamer au point qu'il faille tout admettre ou tout rejeter à la fois; comme elle sait aussi observer les nuances et concevoir un milieu entre la vérité absolue et l'erreur absolue, en admettre un entre la parfaite certitude, le parfait savoir et l'ignorance entière, l'incertitude absolue, elle peut renfermer ces doutes dans des limites que ne saurait connaître le principe affectif,

qui, une fois sa sécurité ébranlée et sa confiance en
lui-même trompée sur un seul point, sent tout lui
échapper, et, ne sachant où se prendre et où s'arrêter,
se jette brusquement de l'excès de l'enthousiasme du
dogmatisme, aux extrêmes limites d'un scepticisme
désespéré.

La raison a encore cela de propre que les erreurs,
les contradictions, les incertitudes qu'on lui attribue,
ne proviennent que de sa défaillance, de l'éclipse de
sa lumière; et que c'est dans sa force et son développement qu'en est le remède; tandis que la sensibilité
nous égare par son excès même, et se montre toujours
également impuissante à nous conduire au vrai, autant, par exemple, que le poumon à digérer, l'estomac
à remplir les fonctions du poumon, ou celles de la vue
et de l'ouïe.

Tout ce qu'on peut reprocher à la raison, c'est
d'être faible et bornée. Pour conclure de là qu'il faut
renoncer à son usage, au lieu de chercher à la fortifier et à en reculer les limites par le travail et par
l'étude, il faudrait au moins avoir quelque moyen de
parvenir sans son aide au terme de nos désirs. Or, ce
moyen nous manque: quelque avares que soient les
dons faits à notre esprit, de là dépend entièrement
tout le peu que nous possédons. S'il est vrai que la

raison ne nous fait pas connaître la vérité tout entière, il ne l'est pas moins que sans elle toute vérité nous est refusée; s'il est vrai qu'elle ne prévient
pas toute incertitude et toute erreur, il l'est également
que sans elle il n'y a pour nous de recours contre
l'erreur que dans le doute universel, et contre les dé-
solations du doute universel, que dans l'abandon
complet de notre pensée aux causes d'égarement les
plus désordonnées et les plus folles. Si nous sommes
contraints de reconnaître que l'imperfection des idées
d'après lesquelles elle doit juger, donne trop souvent
naissance à des débats fâcheux, à des divisions funestes,
il faut aussi qu'on nous accorde que sans elle ces débats
sont sans issue, ces divisions sans remède, et qu'à défaut de ses principes et de leur évidence universelle,
il ne saurait y avoir dans la société des esprits, ni
unité, ni harmonie, ni fixité. La raison est trop souvent
pour la volonté, nous devons l'avouer, un guide in-
suffisant, mais sans elle il n'y a point de guide; toutes
les puissances de la vie manquent de règle et de direction ; et la conscience, bien loin de pouvoir suppléer
à son défaut, s'évanouit avec elle. Il est vrai qu'elle
répond très-imparfaitement aux aspirations du sentiment religieux, mais sans elle ce sentiment n'a pas
même d'objet : nier sa véracité, c'est nier sinon l'exis-

tence de l'être souverain dont elle est la lumière vivante, tout au moins sa providence et le plus grand
de ses bienfaits ; c'est de plus nous priver de tout
moyen de nous élever jusqu'à lui, de nous assurer
que son nom exprime autre chose qu'un vain fantôme
de notre imagination, et de découvrir les attributs qui
doivent provoquer notre adoration et notre amour.

Voilà donc, encore une fois, notre véritable situation : hors de la raison, point de salut pour l'homme
et pour les sentiments au nom desquels on récri-
mine tant contre cette faculté. Assurément, il ne résulte pas de là que nous devions nous refuser à reconnaître que cette faculté est impuissante et trompeuse,
si elle l'est en effet ; mais serait-ce trop de demander
qu'on voulût bien ne pas adopter de gaîté de cœur
cette désolante pensée, et examiner avec quelque impartialité, avec quelque sang froid, les prétendues
démonstrations qui doivent nous y contraindre. Nous
voici jetés par la tempête sur une eau profonde ; au-
devant de nous est la terre ferme où un peu de cou-
rage suffirait pour nous porter. On essaie de nous en
détourner par la crainte que cette terre ferme ne soit
qu'un mirage trompeur, ou plutôt on nous engage à
nous efforcer de nous persuader qu'il n'est rien de plus,
parce que notre œil ne découvre de prime-abord sur

le rivage, ni beau palais, ni hôtellerie somptueuse et commode prête à nous accueillir. Céderons-nous, au lieu de tenter au moins d'aller nous assurer du fait, si on ne nous offre d'ailleurs aucun autre parti que d'employer les forces de notre désespoir à nous soutenir jusqu'à leur épuisement au-dessus de l'abime ? Tout ce que nous demandons, c'est qu'on veuille bien ne pas avoir cette faiblesse, surtout ne pas s'en faire un mérite et nous en faire un devoir; mais qu'on se donne la peine d'examiner avec impartialité et sang froid, au lieu de les accepter d'avance et de parti pris, ces raisons de doute que le scepticisme prétend pouvoir opposer victorieusement et à la foi commune et au témoignage de la lumière qui nous éclaire.

II. *Arguments rationnels.* — Ces raisons de doute sont, avons-nous dit, de deux sortes : les unes générales, les autres particulières, et s'appliquant uniquement à quelqu'une des parties de la connaissance.

Les arguments généraux se fondent : 1° *A* sur le fait des misères de l'esprit humain, de ses erreurs, de ses contradictions, de la mobilité et de la diversité de nos jugements ; 2° *B* sur l'impossibilité de démontrer la véracité du témoignage de nos facultés ; 3° *C* sur certaines idées systématiques qu'on se forme de la nature de la connaissance et qui ont pour conséquence, ou d'en ruiner les bases, de la faire envisager comme impossible, ou d'en détruire le caractère objectif.

A. Le premier de ces arguments, quoique le plus superficiel et le plus vulgaire, est néanmoins peut-être le plus redoutable par ses effets. Toutefois, nous croyons que l'impression qu'il peut produire s'évanouirait bientôt si on avait soin d'en préciser les conclusions ; car c'est le vague de ces conclusions qui en fait tout le prestige. Que veut-on induire de ces erreurs, de ces contradictions dans lesquelles tombe trop fréquemment notre pauvre esprit ? Qu'il ne faut pas se fier à l'évidence, ou que l'évidence nous fait souvent défaut, que nous savons trop rarement l'atteindre ? Que la raison est trompeuse ou qu'elle est impuissante ? Qu'elle ne peut rien ou qu'elle ne peut pas tout, et qu'elle laisse subsister bien des mystères, bien des problèmes que nous voudrions résoudre ? Veut-on montrer que la science est impossible ou seulement difficile à constituer ? S'agit-il de son passé et de son état actuel ou de son avenir ; de tel ou tel des problèmes qu'elle embrasse ou de tous ses objets ; de la science en général ou de telle science ; de la raison en général ou de telle de ses applications ? On ne distingue rien de tout cela, et, grâce aux malentendus qui résultent de cette négligence,

les conclusions les plus déraisonnables et les plus
monstrueuses se glissent à la faveur de celles qui
résultent le plus naturellement des faits ; ou bien
encore on se laisse aller à je ne sais quelle impression
confuse de tristesse, de dépit ou de découragement
qui porte à haïr et abandonner la science, et que ne
favorise d'ailleurs que trop une certaine paresse natu-
relle, prompte à saisir les prétextes pour secouer le
joug et s'affranchir des fatigues de l'attention, des labeurs de l'étude. Souvent même on ne s'aperçoit pas
qu'en croyant combattre l'autorité de la raison, on
combat tout autre chose ; et qu'en voulant démontrer
son impuissance à discerner le vrai du faux, on ne
fait que montrer l'impossibilité d'opérer ce discerne-
ment sans son aide. C'est ce qui arrive, par exemple,
à ceux de ses détracteurs qui, en présence des opinions diverses que rien ne saurait empêcher l'ignorance et la présomption de faire éclater sur tous les
sujets, même sur les vérités les plus fondamentales et
les plus évidentes, s'écrient : Qui décidera ? Comme
si c'était là la question ; comme si juger sur l'autorité
de la raison était la même chose que juger sur l'autorité d'un maître ! Et quand il s'agirait d'autorité et
de confiance aux lumières d'autrui, est-ce que tous les
hommes, tous ceux même qui prennent le titre de phi-

losophes, ont le même titre à cette confiance ou à notre
déférence? Mais il ne s'agit point de cela; il ne s'agit
pas même de savoir si la raison est en état de décider
sur telle ou telle question, mais si elle ne peut décider
sur aucune, et si toutes ses décisions sont sans valeur.

Il y a, en effet, deux choses à distinguer dans l'objet
du débat soulevé par le scepticisme : la véracité de la
raison, et de l'évidence qui est le *criterium* de la raison,
et l'aptitude de la raison à nous donner l'évidence. Le
triomphe le plus complet du scepticisme serait de convaincre la raison de mensonge, et de montrer l'évidence
combattant l'évidence, la raison démentie par elle-
même. Or, c'est à quoi il ne parviendra jamais. On
n'a jamais pu signaler, on ne signalera jamais, un
raisonnement parfaitement rigoureux contredit par
un autre tout aussi rigoureux ou par un fait manifeste; le champ de nos débats est toujours celui de
la probabilité, de la vraisemblance, de l'inconnu,
jamais de la vérité clairement démontrée. Si quelque
exception semblait s'offrir à cette loi, tout nous auto-
riserait à conclure qu'elle n'est qu'apparente, et
qu'elle tient à l'imperfection de nos idées incomplètes
ou confuses. Mais cette exception, nous attendons
encore, même après les antinomies de Kant et les
antithèses d'Hegel, qu'elle nous soit signalée.

Nos dissentiments et nos erreurs ne prouvent pas plus l'impuissance absolue de notre raison que son défaut de véracité. Pour qu'on pût tirer cette conclusion, il faudrait pouvoir soutenir que ces dissentiments sont partout et l'uniformité nulle part; qu'il n'y a pas une seule vérité sur laquelle on s'accorde, pas une seule démonstration devant l'évidence de laquelle tout esprit attentif et de bonne foi soit contraint de s'incliner, ou à laquelle on ne puisse opposer une démonstration d'égale force. Qui oserait aujourd'hui donner aux faits un pareil démenti? Aussi ne l'essaie-t-on guère. L'esprit humain a donné des marques trop éclatantes de sa puissance, pour qu'on puisse désormais songer à la contester. Tout ce qu'on peut conclure de ses incertitudes et de ses erreurs, c'est que cette puissance est limitée.

L'est-elle au point qu'il faille nous décourager, renoncer à son usage, et, qu'envisageant d'une part l'immensité des labeurs qu'exige l'acquisition de la vérité, de l'autre l'exiguïté des résultats qui doivent couronner nos efforts, nous devions chercher la paix et le repos dans l'indifférence et l'inertie auxquelles nous convie le scepticisme? Personne n'oserait le soutenir pour ces parties de la science dont les applications usuelles et palpables manifestent chaque jour l'utilité et la valeur. Nul ne voudrait aujourd'hui s'exposer aux railleries du bon sens, en reproduisant les objections de Sextus Empiricus et des autres disciples de Pyrrhon contre la géométrie, l'arithmétique, l'astronomie, la physique, etc. Sur ce point, le scepticisme est forcé de s'avouer vaincu. Mais lui permettrons-nous de continuer à s'écrier que, pour tout le reste, notamment pour ce qu'on nomme philosophie, tout ce qu'on peut y trouver d'assuré ne vaut pas une heure de peine?

Posée en ces termes, la question est difficile à résoudre d'une manière générale, car tout dépend du prix auquel chacun estime sa peine, et de celui qu'on attache à la vérité ou à un certain ordre de vérités. A cet égard la nature des esprits présente de grandes diversités. Il peut se faire que quelques-uns soient disposés de telle sorte sous l'un ou l'autre rapport, que la philosophie, quoi qu'elle fasse, ne doive jamais espérer triompher de leurs dégoûts ou de leurs dédains; tandis que d'autres se sentiront suffisamment stimulés par le seul espoir de parvenir, au terme des travaux de toute une vie, à soulever un coin du voile qui leur dérobe l'objet de leurs désirs, ou même seulement à préparer ce bonheur aux générations futures. Nous ne pouvons exiger que tous aient l'héroïsme de ces derniers; mais il nous semble que ce degré d'héroïsme n'est pas nécessaire, pour qu'on veuille bien ne pas condamner sans rémission des études auxquelles la plupart des plus grands esprits de tous les temps ont voué leur vie entière, et auxquelles nous portent invinciblement les plus impérieux besoins de notre nature morale et intellectuelle. Il suffit de savoir porter nos regards un peu au-delà du présent, ou borner dans le présent l'ambition de nos désirs. Certes, la philosophie est très-incapable et le sera probablement longtemps de répondre à toutes les aspirations d'une âme avide de savoir, et voulant à tout prix avoir le dernier mot sur le problème de l'origine et du principe des choses, sur la nature ou le rapport du fini à l'infini, du relatif à l'absolu; mais si on voulait recueillir les résultats de ses méditations sur des objets plus accessibles, par exemple, sur la constitution et la nature de notre être et même sur le but de son existence, son rapport à la cause souveraine et les attributs relatifs de cette cause, sur nos devoirs, sur nos droits, sur les causes de nos égarements et de nos fautes, et les moyens de nous élever au bien et au vrai, on en formerait encore, ce nous semble, un assez gros et assez utile volume.

Mais quand il en serait autrement, quand toute

une branche de la science serait encore à créer, serait-
ce une raison pour la déclarer impossible ou déses-
pérer de son avenir, comme si l'esprit humain devait
avoir nécessairement donné, dans l'espace de cinq ou
six siècles et en s'exerçant sur quelques points isolés du
globe, la mesure complète de ses forces ! Qu'on essaie
de déterminer cette mesure en raisonnant *à priori*,
comme l'a essayé Kant : rien de mieux, pourvu qu'on
raisonne juste et en partant de données exactes ; mais
vouloir assigner ces limites simplement d'après les
résultats acquis à tel jour donné, c'est mettre en sin-
gulier oubli la loi du progrès et les étonnants exemples
des effets de cette loi, que nous présente l'histoire des
sciences. Nous n'entendons pas assimiler ce qui ne doit
pas l'être, ni prédire à la philosophie, pour un prochain
avenir, rien qui ressemble à ces subits mouvements, à
ces brusques transformations que la marche des sciences physiques et naturelles dans les derniers siècles offre
à notre admiration. Mais enfin, pourquoi le temps et le
travail n'auraient-ils pas ici l'effet qu'ils ont partout, de
restreindre de plus en plus le champ de l'incertitude,
de la contradiction et de l'erreur, d'élargir celui des
notions claires et des vérités indubitables, d'élever le
niveau de la vraisemblance, d'accoutumer les esprits à
une marche de plus en plus sûre et régulière ? L'his-

toire des études philosophiques est loin de condamner cette espérance, et de justifier les doctrines qui tendraient à nous faire regarder l'objet de ces études comme absolument impossible à atteindre. Les causes des erreurs qu'elle signale sont loin d'être invincibles par leur nature. Ces erreurs sont d'ailleurs rarement sans mélange de quelque vérité, et les efforts des penseurs qui s'y laissent aller, rarement tout perdus pour l'humanité; la diversité des doctrines auxquelles ont abouti ces efforts est bien plus, comme le remarque Leibnitz, à l'avantage de la raison qu'à son détriment; elle est bien plus richesse que pauvreté, s'il est vrai qu'elle tienne surtout à la multiplicité des aspects de la vérité. Et si telle en est effectivement la cause, que faudrait-il de plus qu'un peu de modestie, de circonspection et de méthode pour qu'elle cessât d'éclater en contradictions, et, qu'au lieu de se heurter inutilement, les aptitudes diverses dont elle est l'expression concourussent harmonieusement à l'œuvre commune?

C'est assez insister sur ce point. Tout ce que nous dirions de plus n'ajouterait rien à l'effet que nous désirons produire. Ce n'est pas en quelques instants et à l'aide de quelques raisonnements, qu'il est possible de triompher du sentiment de lassitude, de défiance, de dégoût qu'aurait pu faire naître chez certains esprits trop impatients ou trop peu persévérants, la longue expérience des difficultés et des incertitudes de la science. On doit seulement, en montrant combien cette expérience est peu décisive, essayer d'empêcher leur exemple de devenir trop contagieux, et, s'il se peut, les aider à ne pas s'abandonner eux-mêmes et à ne pas se laisser défaillir au point de ne pouvoir chercher un remède au mal dont ils sont atteints. C'est à l'étude à faire le reste, c'est aux lumières de la science à achever de détruire le mauvais effet produit par leur défaut et leur lenteur à se faire jour.

B. *De l'argument à priori.* — Cet argument repose sur deux prémisses : 1º un fait, l'impossibilité de démontrer la véracité de la raison ; 2º une majeure, la nécessité de cette démonstration. L'un et l'autre demandent explication.

La démonstration qu'exige l'argument sera utile ou inutile, et de même possible ou impossible, suivant la manière dont on l'entendra, et précisément elle est inutile dans le sens où elle est impossible, et facile à produire dans le sens où on peut raisonnablement la désirer.

La véracité de la raison ne saurait être démontrée, si on prend ce mot *démontrer* dans toute sa rigueur, car c'est par elle que toute démonstration s'opère ; et dans ce même sens rigoureux cette démonstration est inutile.

Sur quoi se fonderait-on, en effet, pour l'exiger? Sur ce que rien ne saurait être admis sans preuve? Mais ce serait poser un principe absurde, contradictoire. La démonstration consistant à tirer l'inconnu du connu suppose évidemment, par sa définition même, quelque vérité connue sans démonstration. Alléguera-t-on que la proposition en question n'offre pas le caractère des vérités qui n'ont pas besoin de preuve? Mais ce caractère est l'évidence, et la preuve n'a pas d'autre objet, en général, que de rendre évident ce qui ne l'est pas. Or, il s'agit ici de l'évidence elle-même; comment pourrait-il être utile de prouver que l'évidence est évidente, de rendre évident que nous devons nous fier à l'évidence? Il est clair que demander cette preuve c'est demander ce qu'on possède déjà, c'est mettre en doute ce dont on ne doute pas.

Toutefois, disons-nous, il y a ici quelque distinction à faire. Quand je perçois quelque vérité particulière; par exemple : que je pense, que je doute, que j'existe; que je ne pourrais douter, me tromper ou être trompé, si je n'existais pas; qu'il y a là auprès de moi un objet qui me résiste, à l'occasion duquel j'éprouve telle ou telle impression; que ma main est plus grande

qu'un des doigts qui la composent ; qu'on vienne me
demander si je suis bien sûr de ce que j'avance et si
je n'éprouve aucune crainte de me tromper, aucun
besoin d'avoir une garantie de la vérité de mes affirmations, assurément je répondrai que je n'éprouve
rien de pareil, et je suis bien persuadé qu'il n'est
aucun homme jouissant de la plénitude de ses facultés
qui ne fît la même réponse. Dans tous les cas, si cette
crainte pouvait se produire, elle serait invincible, et
celui qui l'éprouverait voué pour jamais à un scepticisme irrémédiable. Mais peut-être n'en est-il pas tout
à fait ainsi, lorsque la question se pose d'une manière
abstraite sur la connaissance en général, sur l'évidence, sur la raison. C'est, je crois, que dans ce cas
on ne s'en représente pas l'objet avec une netteté et
une vivacité suffisantes. Les termes abstraits et généraux ne sont souvent pour nous, en effet, que des
mots, ou du moins ils n'expriment que d'une manière
très-imparfaite les idées qui leur sont attachées. Dans
ce cas, il peut être utile de revenir aux faits particuliers d'où ces idées tirent leur origine, et de raviver
le sentiment de la vérité en retrempant notre esprit
aux sources du concret où nous l'avons puisée. C'est
ce que fait Descartes pour son axiome fondamental,
qui est celui qui nous occupe. Voici, dit-il, une vérité

indubitable : « Je suis, puisque je pense. » Pourquoi
cette vérité ne peut-elle être l'objet d'aucun doute ?
Parce qu'elle est évidente. L'évidence est donc la garantie infaillible de toute certitude, le sceau incontestable de la vérité. En argumentant ainsi, Descartes
ne fait pas un cercle vicieux, car il ne fait pas, à
proprement parler, un raisonnement ; il ne cherche
pas à inférer la vérité en question d'une autre vérité,
il se borne à la faire ressortir plus vivement en la pré-
sentant sous le jour le plus propre à saisir l'esprit,
et en dirigeant la réflexion sur les objets où elle se
montre avec le plus d'éclat. Voilà un premier sens rai-
sonnable à donner aux exigences de l'argument, et une
première manière d'y satisfaire. En voici une autre.

On peut encore, sans tourner dans un cercle vicieux
et sans prétendre démontrer la raison par la raison,
faire utilement la remarque suivante : Que tout, dans
la raison, justifie de mille manières, autant qu'il est
désirable, la confiance que nous lui accordons, à
savoir : l'uniformité et l'immuabilité de ses affirmations, l'harmonie et l'enchaînement des vérités qu'elle
nous fait connaître et que nous voyons découler de
mille manières les unes des autres et attestées simultanément par les facultés les plus diverses, la fécondité
de ses lois, et enfin tout ce qu'elle nous dévoile de son

origine et des attributs du principe divin auquel elle
nous oblige à tout rapporter. Quelque inconnu que soit ·
ce principe dans sa nature intime, il est certain que
c'est un principe d'ordre et de bien Le seul fait de
l'existence de notre raison avec les caractères que nous
venons de signaler, le seul fait de la présence en nous
de cette bienfaisante lumière dans laquelle Fénelon
reconnaissait celle de Dieu lui-même se communiquant
à sa faible créature, son rapport à nos besoins, le concours harmonieux des facultés qui nous aident à en
percevoir les rayons, et la nature progressive de ces facultés, suffiraient pour mettre cette vérité hors de doute.

Ces considérations ne sont ni oiseuses ni sophistiques ; elles seraient l'un ou l'autre si elles devaient
être le premier ou l'unique fondement de notre foi
dans la raison , qui peut seule nous en faire apprécier
la vérité. Mais tel n'est pas leur but : elles n'en ont
d'autre que de confirmer et maintenir cette foi , et de
la rendre plus pleine et plus entière en l'affranchissant
des obstacles qui naissent de notre manière imparfaite
et bornée de concevoir ces choses. La vérité de notre
connaissance , sa conformité avec la réalité des choses,
est un fait qui implique certaines conditions générales :
il implique l'idée d'une cause de notre être qui ne
rende pas ce rapport de conformité ou invraisemblable

ou absolument impossible, comme il arriverait, par exemple, dans l'hypothèse où tout, dans nos pensées et dans les causes de nos jugements, ne serait qu'un jeu accidentel d'un aveugle hasard, ou bien dans celle qu'imaginait Descartes, d'un esprit tout puissant et malfaisant qui se plairait à nous tromper. Ce fait implique aussi certaines conséquences telles que le parfait accord de tous les développements de notre raison. Une intelligence qui aurait le pouvoir de saisir l'universalité des choses par un seul acte d'intuition verrait, dès ses premiers jugements, ces conditions réalisées ; rien ne pourrait être ajouté aux motifs de sa confiance, elle posséderait immédiatement et à jamais la certitude absolue, et chacune de ses affirmations porterait en elle-même sa sanction parfaite. Mais pour nous, à qui ce privilége a été refusé, il faut bien que nous cherchions après coup cette sanction, le jour où nous venons à en concevoir la nécessité. Et il est bien naturel que nous soyons quelque peu inquiets, quelque peu troublés, tant que nous ne la trouvons pas ou que nous pouvons craindre qu'elle nous fasse défaut, rassurés au contraire et rassérénés dès qu'elle s'offre à nos regards.

On peut donc satisfaire aux exigences sur lesquelles repose le plus embarrassant des arguments du scepti-

4

cisme, sous le triple rapport que voici : 1º en con-
statant par la conscience les faits dans lesquels se
manifeste l'évidence avec son irrésistible et légitime
ascendant sur notre foi ; 2º en montrant que le développement des facultés qui concourent à former la
connaissance et les caractères des jugements que la
raison nous fait porter, sont tels qu'on doit les attendre d'un principe de vérité ; 3º en corroborant et
justifiant notre confiance dans ces facultés, par l'idée
qu'elles nous donnent de l'excellence de la cause souveraine dont elles émanent. Demande-t-on davantage ;
veut-on une preuve catégorique propre à produire par
elle seule la conviction? On demande une chose aussi
inutile qu'impossible ; on ne sait vraiment pas ce qu'on
demande ; on déclare nécessaire ce dont on nie au
même instant la nécessité, puisque vouloir que l'autorité de la raison soit prouvée, c'est reconnaître l'autorité de la preuve en général, autorité qui n'est autre
que celle de la raison.

C. *Arguments tirés des systèmes.*—Ces arguments
contiennent à notre avis les vraies ou les principales
causes du scepticisme chez les philosophes, et ce sont
d'ailleurs ceux qui exigent, pour être complètement
réfutés, les recherches les plus approfondies. Mais,
après les développements dans lesquels nous sommes

entré sur la doctrine de Kant, qui les reproduit presque tous en les élevant à leur plus haute puissance, nous n'avons pas à y insister longuement.

Revenons d'abord en quelques mots sur celui qu'on a souvent tiré du principe si longtemps admis dans toutes les écoles, que nous ne connaissons les choses que par nos idées. Si ces mots signifiaient simplement que nous ne connaissons les choses qu'autant que nous nous les représentons, c'est-à-dire, au fond, qu'autant que nous les connaissons, on ne pourrait rien conclure de cette proposition, aussi incontestable qu'insignifiante, sans retomber dans l'argument que nous venons de combattre. Mais s'il faut entendre que nous ne connaissons que par l'intermédiaire d'idées qui précéderaient la connaissance, et nous seraient données indépendamment de toute perception de leur objet, on est très-fondé, dans l'hypothèse, à se demander : Qu'est-ce qui prouve qu'il y a des objets, et que nos idées les représentent fidèlement ? L'idée, la pure conception ou appréhension n'implique, en effet, en rien la réalité de l'objet conçu, et ne contient rien qui puisse nous empêcher de la regarder comme complètement chimérique. Mais l'hypothèse d'où naît la difficulté est, nous croyons l'avoir surabondamment démontré après Thomas Reid et M. Cousin, absolument inadmissible

et démentie par les faits : bien loin que toute connaissance résulte du développement d'idées reçues ou for-
mées par l'esprit antérieurement à la perception de
leur objet, c'est dans la perception des objets que nous
puisons toutes nos idées : dans la perception de quelque objet blanc, noir ou rouge, les idées de blan-
cheur, de noir ou de rouge ; dans la perception de nos
joies, de nos douleurs, de nos volontés, les idées
générales de joie, de douleur, de volonté. Étendue à
tout, même à la conscience, cette hypothèse, avons-
nous ajouté, rendrait toute connaissance impossible ;
car, pour connaître l'idée qui doit servir de base à la
connaissance, il faudrait une idée de cette idée, une
nouvelle idée pour connaître celle-ci, et ainsi à l'infini
sans que la pensée pût jamais s'accomplir[1].

Nous connaissons par nos idées, en les soumettant
à l'analyse ou en les comparant entre elles, les vérités nécessaires et universelles. Mais là, il ne s'agit
pas des objets : il ne s'agit pas, pour le géomètre par
exemple, de connaître les cercles et les triangles qui
pourraient se trouver dans l'univers, ou pour le mo-
raliste de savoir combien il y a d'hommes observant
les lois de la justice ; il s'agit du cercle, du triangle

---

[1] *Anal. et disc. des principes de Kant*, 2e part., chap. II.

en soi, des lois de la justice conçues dans leur pureté abstraite et idéale ; il s'agit simplement de nos idées elles-mêmes, de leurs conséquences applicables à des objets qui ne sont conçus par nous que comme purement possibles et intelligibles. Nous n'avons donc nullement à nous enquérir de la ressemblance de nos idées aux objets réels ou de l'existence de ces objets ; et par conséquent il n'y a rien à conclure de notre impuissance à démontrer cette ressemblance ou cette existence.

Un mot maintenant sur les motifs de doute ou de négation auxquels donne ou paraît donner naissance le système qui réduit tout à la sensation. Nous disons «donne ou paraît donner naissance, » afin d'aller au-devant des plaintes de certains défenseurs de ce système qui se récrient sur les conséquences, contraires au sens commun, aux faits ou à la morale, dont on lui fait porter le poids, et soutiennent qu'on ne les comprend pas ou qu'on les calomnie. Nous croyons ces plaintes mal fondées, et surtout l'accusation de calomnie fort peu méritée. Tout au plus y aurait-il erreur, et on devrait trouver l'erreur très-excusable, si on considérait que ce ne sont pas seulement les adversaires du sensualisme, tels par exemple que Platon, qui ont tiré de la doctrine sensualiste les conséquences incriminées, mais les écrivains qui ont professé le plus ouvertement et cette doctrine et toutes les maximes auxquelles on lui reproche de servir d'appui, par exemple, Protagoras, Épicure, Hume, Helvétius, etc., etc. Mais laissons ce point. Nous ne devons pas multiplier inutilement le nombre de nos adversaires. Qu'il y ait ou non une manière d'entendre la doctrine sensualiste qui la rende conciliable avec les faits, avec le sens commun, avec toutes les grandes vérités qu'on l'accuse de renverser, et qui permette de repousser les négations auxquelles cette doctrine sert communément de prétexte, ce n'est pas ici notre affaire ; ce qui doit nous occuper, c'est de voir comment raisonnent ceux qui l'entendent autrement.

Or, nous croyons l'avoir démontré à propos de Kant[1], le sensualisme est conduit par deux principales voies à anéantir les objets de nos pensées, tantôt en la dénaturant, en la plaçant là où elle n'est pas, en la dépouillant des caractères qui la rendent apte à exprimer la vérité, pour lui en substituer de tout opposés ; tantôt en la mutilant, pour la forcer à entrer dans les cadres de son étroite hypothèse, véritable lit de Procuste, d'où elle se soulève amoindrie, dégradée,

---

[1] *Ibid.*, 2ᵉ part., chap. II.

dépouillée de tout ce qui fait sa gloire et sa beauté,
puis finalement impuissante à vivre et à se mouvoir,
privée qu'elle est de ses organes les plus essentiels.

Connaître, dit-on, n'est autre chose que sentir ; or,
les objets sentis sont purement relatifs à nos sensations ; ils ne sont tels qu'ils paraissent qu'eu égard à
notre sensibilité. Les objets de nos pensées sont donc
tout relatifs à notre manière de concevoir et de juger ;
ils n'existent qu'en tant que connus et conçus par
nous. L'être et le néant, le vrai et le faux, le bien et
le mal, le juste et l'injuste, ne sont donc tels que
pour celui qui les trouve tels ; ils sont tout aussi véritablement l'opposé dès que quelqu'un en juge autrement, ce qui, en fait, s'accorde parfaitement avec la
diversité, la variabilité irrémédiable de nos jugements
et nous donne l'explication de cette variabilité.

Voilà ce que j'appelle dénaturer les faits, ce qui
paraît évidemment par le seul fait des conséquences
que l'on tire. Si l'objet senti est toujours relatif à la
sensation et défini par elle, il résulte de là rigoureusement que la connaissance et l'idée ne sont jamais de
pures sensations, que le rapport de l'objet connu à
la connaissance ou à l'idée n'est jamais celui de l'objet
senti à la sensation. Non-seulement on ne saurait citer
un seul exemple d'une connaissance, d'une idée ser-

vant à définir l'objet connu comme la sensation sert à
définir la qualité sensible; d'un objet relatif à son
idée comme les qualités que nous nommons chaleur,
froid, saveur, odeur, sont relatives aux sensations de
même nom; mais la supposition est dépourvue de sens
et contradictoire : il est dans la nature de l'idée d'être
au contraire toujours définie par l'objet, par la chose
dont elle est l'idée. Et que serait-ce qu'une idée qu'on
ne pourrait définir qu'en disant, comme on le devrait
dans l'hypothèse, qu'elle représente un rapport à elle-
même, une propriété qu'auraient les choses de la produire? Qui pourrait attacher un sens à ces paroles?
Ainsi, de deux choses l'une : ou ceux qui tirent du principe sensualiste cette conséquence que l'objet connu est
relatif à l'idée comme les qualités du corps le sont à
nos sensations, entendent mal ce principe, et dans ce
cas l'argument manque de base; ou ils l'entendent bien,
et alors, en prétendant condamner la raison, ils ne
condamnent que leur hypothèse, ils la réduisent eux-
mêmes à l'absurde, et montrent qu'elle ne saurait
tenir devant les faits les plus incontestables et les plus
simples.

Connaître n'est que sentir, dit-on encore ; donc tout
ce qui, dans les notions de notre esprit, dépasse la
portée des sens, est chimérique, illusoire, sinon abso-

lument impossible et purement nominal. On sait depuis longtemps quelles sont les notions qui succombent à ce seul coup ; mais ce qu'on n'a pas toujours vu, et que Hume et Kant ont surabondamment démontré, c'est que, parmi ces notions, il en est qui servent de base à toute connaissance, même à la connaissance des objets sensibles ; d'où résulte qu'on ne peut les anéantir sans anéantir toute la connaissance ou au moins sans la réduire, avec Kant, à des représentations ne représentant rien, ou, avec Hume, à de pures impressions ou sensations sans objet senti. Voilà comment l'hypothèse détruit la connaissance, en la mutilant. Voilà comment, tout étant essentiellement lié dans l'organisme intellectuel, de telle sorte qu'aucune des parties ne saurait subsister sans les autres, on se trouve conduit à supprimer le tout, pour avoir voulu supprimer une des parties.

Ici encore nous dirons de deux choses l'une : ou l'hypothèse qui conduit à ces mutilations est mal interprétée, la mesure qu'elle fournit est mal appliquée, et dans ce cas nous n'avons plus rien à combattre ; ou elle l'est bien, et dès-lors l'hypothèse est condamnée par les conséquences qui en dérivent, et elle l'est d'autant plus que ces conséquences sont plus éloignées du sens commun et plus multipliées ; car chacune d'elles, cha-

que négation de tel ou tel objet de nos pensées ne se
justifie que par la négation de la partie de la connaissance qui s'y rapporte, ou de quelques-unes de ses
conditions essentielles, par la négation d'un fait.

CHAPITRE II.

ARGUMENTS DIRIGÉS CONTRE LES DIVERSES PARTIES DE LA CONNAISSANCE.

Connaissance sensible. — Ici nous sommes forcé
d'étendre un peu le cercle de notre polémique. Dès
qu'il s'agit, non de la connaissance tout entière, mais
des diverses parties qui la constituent, nous avons à la
défendre, non-seulement contre le scepticisme proprement dit, mais encore contre les systèmes exclusifs qui
lui viennent en aide tour à tour, et dont il n'a souvent
qu'à résumer les négations. Des trois parties de la
connaissance que l'on s'accorde à distinguer, à savoir :
la connaissance des faits perçus en nous par la conscience, la connaissance sensible, la connaissance
des vérités nécessaires et universelles, il n'en est
pas une à laquelle quelque école n'ait essayé de tout
sacrifier et qui, à son tour, n'ait été immolée à l'honneur des deux autres.

Commençons par celle qui a été l'objet des attaques les plus multipliées, les plus redoutables et les plus réitérées ; je veux parler de la connaissance que nous acquérons par nos sens.

C'est ici qu'éclate avec le plus de force l'opposition trop fréquente de la raison raisonnante et réfléchie, aux suggestions immédiates de la raison primitive et spontanée ; c'est ici qu'on semble le plus en droit de s'écrier avec Pascal : « La nature confond le scepticisme, mais la raison confond le dogmatisme. » Rien de plus invincible, en effet, que notre foi au témoignage de nos sens, et d'un autre côté rien de plus accablant, ce semble, que les objections accumulées par le scepticisme et l'idéalisme contre ce témoignage.

Nos sens nous trompent, objectent-ils d'abord à l'envi ; nous nous trompons à chaque instant sur les objets qui leur sont soumis; nous croyons percevoir rond ce qui est carré, courbe ce qui est droit , petit ce qui est grand, grand ce qui est petit, rapproché ce qui est éloigné, éloigné ce qui est rapproché, etc. Le moindre changement survenu dans nos organes ou dans le milieu au travers duquel nous percevons les objets, suffit pour en altérer complètement la notion et pour que nous soyons invinciblement conduits à leur attribuer des qualités tout opposées à celles sous lesquelles nous les concevions un instant auparavant. Quand nous dormons nous croyons voir, toucher, entendre mille objets qui n'ont de réalité que dans notre cerveau; pourquoi n'en serait-il pas de même dans ce que nous appelons la veille?

Nos sens se contredisent : la vue contredit le tact, le tact la vue ou l'ouïe, la veille le sommeil, le sommeil la veille; le même sens nous fait attribuer successivement aux mêmes choses les qualités les plus contradictoires, juger amer ce que naguère nous jugions doux, froid ce que nous trouvions chaud, ou que d'autres trouvent encore chaud. «Ce qui parais-
» sait doux à un homme en santé, dit Berkeley, lui
» paraît amer lorsqu'il est malade; et on ne saurait
» douter, d'un autre côté, que différentes personnes
» ne trouvent différents goûts à une même nourriture,
» puisque ce qui plaît à l'une déplaît à l'autre. Or, com-
» ment cela pourrait-il arriver, si le goût était quelque
» chose d'inhérent à ce qu'on met dans la bouche.....
» J'en viens maintenant aux odeurs, et je voudrais
» d'abord savoir de vous si ce que nous avons déjà dit
» des goûts ne leur convient pas exactement.... Si les
» couleurs étaient des propriétés ou des affections in-
» hérentes dans les corps extérieurs, elles ne pourraient
» jamais souffrir d'altération, qu'autant qu'on remar-

» querait des changements. Mais n'est-il pas évident,
» après tout ce que nous avons dit, que, soit que nous
» voulions faire usage d'un microscope, soit que les
» humeurs de nos yeux aient souffert quelque altéra-
» tion, soit enfin que nous nous éloignions ou que
» nous nous approchions d'un objet, les couleurs de
» cet objet changeront, ou disparaitront même quel-
» quefois totalement, sans qu'il soit néanmoins arrivé
» aucun changement à l'objet ? Supposons même que
» nous ne changions que la seule situation d'un objet,
» sans rien altérer des autres circonstances qui con-
» courent à nous le faire apercevoir, cet objet pré-
» sentera dès-lors différentes couleurs à nos yeux. Il en
» arrivera encore autant à proportion que ce même objet
» sera plus ou moins éclairé. Et qu'y a-t-il de plus
» connu que cette expérience que les mêmes corps nous
» paraissent, à la lumière d'une bougie, d'une couleur
» différente de celle qu'ils nous montrent en plein jour?
» Ajoutez encore à cela l'expérience du prisme qui,
» en séparant les rayons hétérogènes, change les
» couleurs de tous les objets et fait paraître, même
» à l'œil nu, le blanc le plus pur, d'un bleu ou d'un
» rouge foncé ; et après cela, dites-moi si vous êtes
» toujours du sentiment que tous les corps aient des
» couleurs vraies et réelles, qui soient inhérentes en

» eux; et supposé que vous pensiez, en effet, de la
» sorte, apprenez-moi, je vous prie, quelle distance
» et quelle position des objets, quelle configuration ou
» quelle disposition des différentes parties de l'œil,
» enfin quel degré ou quelle espèce de lumière seront
» les plus propres à nous découvrir les vraies couleurs
» des objets, et à nous les faire distinguer de celles
» qui ne sont qu'apparentes [1].»

En fait, rendons-nous compte de l'idée que nous
nous formons de ce que nous nommons corps : nous
y trouvons une substance et des qualités. La substance
n'est rien par elle-même ; l'idée que nous en avons
est la plus vague et la plus obscure qu'on puisse imaginer ; et, quant aux qualités, il est aisé de voir, ajoute
le même auteur, « qu'elles n'existent qu'en tant qu'elles
sont *aperçues*, que toute leur réalité consiste à être
aperçues. » Elles ne sont autre chose, dit Condillac,
que nos propres sensations ; c'est à nos sensations
que se réduit tout cet univers visible : « soit que nous
nous élevions jusque dans les cieux , soit que nous
descendions dans les abîmes, nous ne sortons pas de
nous-mêmes, et ce n'est jamais que notre propre pensée
que nous apercevons [2]. »

---

[1] *Dialogue entre Hylas et Philonous.*
[2] *Essai sur l'origine des connaissances humaines.*

On ne peut attribuer aux choses sensibles une réalité objective, sans venir se heurter contre une foule de difficultés insurmontables. Le corps implique l'étendue : or , comment concevoir une chose étendue ? Si on la suppose divisible à l'infini , on est forcé d'admettre l'idée contradictoire d'un composé sans élément composant. La suppose-t-on composée de parties simples , on ne sait où placer ces parties , et on ne saurait imaginer comment elles peuvent constituer l'étendue. La notion du corps suppose celle de la limite, et par suite les notions de surface , de ligne et de point. Or, ces idées sont contradictoires, impossibles : si le point a trois dimensions , il n'est pas un point ; s'il ne les a pas , il n'est rien. Les mêmes objections s'appliquent à la ligne et à la surface, soit que l'on considère la ligne comme composée d'une série de points, et la surface comme engendrée par le mouvement de la ligne ; soit qu'on définisse la ligne une longueur sans largeur ni profondeur , et la surface une étendue à deux dimensions. La notion du corps implique celle de l'impénétrabilité , de la résistance, et par suite du contact : or , le contact est inconcevable. Les deux corps sont dans des lieux entièrement distincts, ou en partie dans le même. Dans le dernier cas , ils se pénètrent , ils se confondent en partie.

Dans le premier cas, l'espace étant divisible à l'infini, on peut toujours intercaler par la pensée, entre les deux lieux, un nombre indéfini de points ; il n'y a donc vraiment contact ni dans l'un ni dans l'autre cas[1].

Sur quels fondements, d'ailleurs, admettons-nous l'existence des corps ? Il est vrai qu'un instinct irrésistible nous pousse à l'affirmer, mais un instinct aveugle n'est pas un motif suffisant pour l'homme qui réfléchit et cherche à donner une base solide à ses jugements. A défaut de l'évidence immédiate, qui manque ici, on ne saurait le nier, il faudrait une démonstration. Or, cette démonstration n'existe pas. Il faudrait prouver la conformité de nos idées aux choses : comment établir cette preuve, réduits que nous sommes à ne percevoir que la copie et jamais le modèle ; comment nous assurer de la ressemblance de l'un à l'autre ? En fait, d'ailleurs, nos idées ne ressemblent nullement aux objets. « Il est clair, dit encore Berkeley, que les êtres réels doivent avoir une nature réelle et fixe, qui reste toujours la même malgré les changements qui peuvent survenir, soit dans nos sens, soit dans les attitudes, dans les mouvements et dans les différentes parties de notre corps.... Comment peut-il donc se

[1] Sextus Empiricus ; *Adversus mathematicos.*

faire que des choses continuellement variables et pour ainsi dire flottantes, telles que sont nos pensées, soient des copies ou des images de quelque chose de fixe et de constant ? Ou, en d'autres termes, puisque toutes les qualités sensibles, telles que la grandeur, la figure, la couleur, en un mot toutes nos idées, participent ou se ressentent à chaque instant de la moindre altération qui peut survenir dans la distance, le milieu ou les instruments de la sensation, comment aucun objet matériel déterminé pourra-t-il être proprement représenté ou dépeint à notre esprit par plusieurs choses distinctes les unes des autres, et dont chacune en particulier sera si différente de toutes les autres et leur ressemblera si peu ? Et si vous me dites que cet objet ne ressemblera qu'à quelques-unes de nos idées seulement, comment pourrons-nous alors distinguer la vraie copie de toutes les autres, que vous avouerez être fausses [1] ? » Il est vrai que nos sensations supposent une cause extérieure. Mais qu'est-ce qui nous prouve, objecte l'idéalisme, que cette cause est ce que nous nommons matière, c'est-à-dire, une substance étendue, solide, destituée de la faculté de penser et de celle d'agir. Pourquoi, dit Berkeley, ne serait-elle

[1] *Dialogues entre Hylas et Philinous.*

5

pas Dieu lui-même ? Que conclure, ajoute le même auteur, de ce que les idées sensibles que nous trouvons dans notre esprit ne dépendent pas de nous, sinon qu'il doit y avoir quelque autre esprit dans lequel elles résident? En vain alléguerait-on l'ordre et l'enchaînement de nos sensations; Berkeley répondra très-bien : « Je vous prierai de me dire si la sagesse et la puissance divine ne suffisent pas pour rendre raison de cet ordre et de cette régularité? »

Tels sont, présentés je crois dans toute leur force, les principaux des arguments sur lesquels on se fonde, tantôt pour nier ou révoquer en doute, comme l'a fait l'évêque de Cloyne, le témoignage de nos sens et par suite toutes les existences extérieures, tantôt pour condamner la raison, du moins la raison réfléchie et la philosophie, par cet éclatant exemple de leur irrémédiable désaccord avec la nature et le sens commun.

Ces arguments sont assez spécieux, les erreurs sur lesquelles ils se fondent sont assez naturelles et assez difficiles à éviter, pour qu'on puisse comprendre la séduction qu'ils ont pu exercer sur beaucoup de bons esprits; mais voilà tout ce que nous pouvons accorder. Ce sont des sophismes excusables; mais enfin, ce ne sont pas moins de purs sophismes. Pour les mettre à néant, il suffit de rétablir les faits, qu'on y méconnaît

et qu'on y fausse de mille manières. Chacun sait aujourd'hui à quoi s'en tenir sur ces prétendues erreurs
des sens, éternel sujet des déclamations du pyrrhonisme et de l'idéalisme. Personne n'ignore, depuis les
excellentes analyses données par Thomas Reid, que
ces erreurs ne portent jamais sur les faits immédiatement perçus ; — j'entends par là, pour ce qui est
de la vue, les couleurs et les figures planes; pour
l'ouïe, le son, etc., etc. ; — mais qu'elles résident
toujours dans les conclusions inductives que nous
tirons de ces faits, en nous appuyant plus ou moins
heureusement sur le souvenir de nos expériences
antérieures, et que le fondateur de la philosophie
écossaise en distingue si bien sous le nom de per-
ceptions acquises. On ne peut donc rien conclure
de ces erreurs contre l'autorité de la perception proprement dite et la réalité des objets qu'elle nous fait
connaître. Quant aux illusions du sommeil et du dé-
lire, quel sujet avons-nous de nous en étonner! L'état
dans lequel on s'y laisse aller offre-t-il les conditions
dont le plus simple bon sens reconnaît la nécessité pour
juger sainement des choses ? Hé quoi ! parce que nous
nous trompons, alors que ces conditions nous font
complètement défaut, alors que notre esprit, complètement opprimé par les forces aveugles qui se dis-

putent l'empire de ses pensées, est incapable de tout
examen, de toute attention, de tout retour sur lui-
même, nous devrons nous méfier des jugements que
nous portons avec pleine conscience et pleine possession de nous-mêmes, pouvant nous rendre compte
des motifs qui nous font juger et du degré de leur
évidence, user, en un mot, de toutes les garanties
qui nous font défaut dans l'état opposé, et qui sont
précisément celles qu'exige la raison et auxquelles
se rapporte le débat soulevé par le scepticisme ! Mais
c'est ainsi qu'on raisonne fréquemment dans ce débat; on confond tout, on met tout sur le même pied:
la raison et la déraison, la réflexion et l'irréflexion,
le savoir et l'ignorance, le bon sens et la folie, le dé-
lire et le sens rassis, les rêves extravagants d'un
homme endormi et les pensées d'un homme jouissant
de la plénitude de ses facultés ; on accorde à tout la
même autorité et la même valeur, puis on s'écrie
triomphalement: Qui décidera ! ou bien : Voilà les
œuvres de la raison, qui voudrait désormais s'y fier !

Nos sens ne se contredisent pas plus qu'ils ne nous
trompent. Il est vrai seulement qu'ils ne nous donnent
des choses qu'une notion très-limitée et toute relative.
Les qualités qu'ils nous révèlent immédiatement ne
sont, en effet, qu'un simple rapport à nos propres

impressions, la propriété, inconnue en elle-même, inhérente à la chose sensible, de nous affecter de telle ou telle manière. Ce rapport, qui est l'objet propre et immédiat de la perception sensible, est sujet à varier comme tout rapport, lorsque l'un des deux termes vient à changer, quoique l'autre demeure toujours le même. La sensation n'étant plus la même il ne sera plus le même, et la notion et le jugement de l'esprit changeront aussi; mais ce sera uniquement parce que l'objet aura changé, puisque l'objet n'est autre que le rapport : il n'y aura donc nulle contradiction. On en jugera autrement; on croira avoir sujet d'accuser de contradiction nos affirmations les plus inévitables et les mieux fondées, si on prend la sensation elle-même pour l'acte de l'esprit qui perçoit et juge, ou si on prend pour objet du jugement, au lieu de la qualité relative à laquelle il se rapporte proprement, le fondement extérieur, inconnu en soi, de cette qualité et du rapport qui la constitue [1].

La même confusion d'idée, ou l'ignorance du caractère relatif de l'objet sensible, ou le défaut de soin à distinguer entre objectif et absolu, entre relatif et

---

[1] « J'entends par la sensation, dit expressément Berkeley dans l'ouvrage cité, l'acte de l'esprit qui aperçoit. » *Ibid.*

subjectif, conduiront à conclure des variations et de
la diversité de nos sensations, à la non-existence objective des choses sensibles, au caractère subjectif de la
connaissance donnée par les sens. La confusion de la
sensation et de la perception conduira encore à conclure, comme le fait Berkeley, de ce que les qualités des corps tirent tout leur être et leur définition
de leur rapport à la sensation, «qu'elles n'existent
qu'autant qu'elles *sont aperçues,* » c'est-à-dire, qu'elles
n'existent que dans notre esprit. Toutes ces conclusions n'ont d'autre mérite que d'être parfaitement
conformes à leurs prémisses ; elles s'évanouissent
avec ces dernières.

Tout ceci s'applique au paradoxe de Condillac. Pour
apprécier ce paradoxe, il suffit encore de distinguer
entre relatif et subjectif. On pourrait l'admettre, à la
rigueur, comme expression hyperbolique de ce fait, que
nous ne saurions rien concevoir hors de nous sans
penser à nous-même et aux modifications de notre être,
et que la conscience seule nous fournit tout à la fois
la matière première, la base immédiate de la connaissance que nous avons des objets extérieurs, et le
terme de comparaison auquel nous devons les rapporter pour pouvoir nous en former quelque notion
déterminée. Il n'en est plus ainsi, et nous ne pouvons

plus y voir qu'une très-déraisonnable exagération, qu'une très-fausse assimilation du relatif au subjectif, s'il signifie que nous ne saurions concevoir ou connaître aucune existence autre que la nôtre[1].

Les mêmes principes servent à résoudre les difficultés dont croient pouvoir triompher le pyrrhonisme et la philosophie *critique*. Si on veut que tout soit absolu dans la notion de la substance étendue, ces difficultés sont insolubles. Un contact absolu, des limites absolues, des lignes, des surfaces, des points absolus, des infiniment petits absolus, des figures absolues sont impossibles, et il est impossible de se représenter dans un *continuum* tel que l'espace pur, aucun des objets exprimés par ces mots; la divisibilité à l'infini s'y oppose entièrement. Essayez par exemple de tracer par la pensée, dans l'espace pur, la ligne de démarcation qui doit fixer la limite entre un lieu et le lieu voisin, cette ligne aura nécessairement une largeur; la ligne que vous tracerez pour prendre le milieu de cette largeur aura à son tour une largeur, et ainsi à l'infini, sans que notre pensée trouve jamais un dernier terme où pouvoir s'arrêter.

---

[1] Voy., pour plus de développements : *Anal. et disc. des princip. du scept. de Kant,* 2ᵉ part., ch. III.

Mais ces difficultés ne concernent en rien les notions sensibles. Nos sens, en effet, ne nous donnent
rien d'absolu, ils ne saisissent que des rapports. Il en
est de même de l'imagination qui s'exerce toujours
sur des données sensibles, et aussi de la géométrie
qui s'exerce sur de pures créations de l'imagination.
L'infiniment petit qu'on y considère n'est au fond que
l'incommensurable, l'inappréciable, ce qui est tellement dépourvu de toute proportion avec les grandeurs
dont on s'occupe pour le moment, qu'il est à la fois
inutile et impossible d'en tenir compte. D'où vient que
ce qui est négligé comme infiniment petit dans tel calcul, par exemple dans l'évaluation de la distance d'une
étoile à la terre, est une quantité très-considérable ou
même infiniment grande dans telle autre, s'il s'agit,
je suppose, d'une opération trigonométrique ayant pour
objet de déterminer la distance de deux points placés
sur les deux rives opposées d'un fleuve. La surface,
la ligne, le point, sont des grandeurs infiniment petites,
inappréciables, dans une, ou deux, ou trois dimensions.
La limite est la surface, la ligne ou le point où se ter-
mine un phénomène perceptible au tact ou à la vue;
le contact est le rapport de deux objets sensibles entre
lesquels nous ne percevons ou ne concevons aucun in-
tervalle appréciable.

L'exacte définition de la notion sensible suffit encore pour faire justice du grand argument tiré par Berkeley, du défaut de ressemblance de nos sensations aux objets, et de l'impossibilité où nous serions, dans tous les cas, de démontrer cette ressemblance. La sensation, en effet, n'est pas une image sur laquelle nous devions juger les choses ; elle n'est pas l'idée, elle est tout simplement le fait immédiatement connu dont notre raison est forcée d'admettre le rapport nécessaire à sa cause inconnue. L'idée est l'acte de l'esprit par lequel nous concevons ce rapport et cette cause. Cette idée nous est donnée, en même temps que la certitude de son objet, par l'acte même qui nous fait connaître l'existence de l'objet, sans que nous ayons à conclure de la copie au modèle, comme on l'imagine dans la théorie du jugement, que nous avons eu déjà l'occasion de combattre.

Mais, pour qu'une assertion doive être admise, il ne suffit évidemment pas que rien ne la démente, il faut encore qu'elle soit justifiée et qu'elle repose sur quelque fondement. Sur quel fondement, sur quelle preuve pouvons-nous donc faire reposer notre foi à l'existence des corps ? Berkeley, nous venons de le voir, exige cette preuve ; Descartes et Malebranche en reconnaissent la nécessité, puisqu'ils cherchent à

la donner; Thomas Reid, au contraire, nie absolument cette nécessité. Vouloir prouver l'existence
des corps, dit ce philosophe, est chose aussi insensée
que de la révoquer en doute, car c'est supposer que
le doute est possible. Quel homme dans son bon
sens a jamais admis un pareil doute? Les sceptiques
eux-mêmes et les idéalistes ne montrent-ils pas, par
toute la conduite de leur vie, qu'ils ne s'y livrent pas
sérieusement, et que tous les arguments à l'aide desquels ils cherchent à le justifier ne sont qu'un jeu
d'esprit? Lorsque la nature parle si haut et nous
presse par un instinct si irrésistible, qu'avons-nous à
faire que de la suivre et de lui obéir, et à quoi bon,
d'un côté ou de l'autre, toutes ces discussions qui ne
peuvent avoir d'autre effet que de livrer la philosophie
aux risées du bon sens vulgaire.

Il y a ici, ce nous semble, exagération de part et
d'autre. Thomas Reid a raison de soutenir que l'existence des corps n'a pas besoin de preuves, et qu'il faut
l'admettre sans hésitation sur la foi du sens commun.
Il s'écarte de la vérité, dans l'idée qu'il se forme de la
nature du sens commun et de la croyance commune à
l'existence des corps, lorsqu'il rapporte cette croyance à
un instinct aveugle, et aussi quand il exige de la raison
réfléchie qu'elle l'accepte à ce seul titre. Rien ne sau-

rait nous obliger à donner rang dans la science à une croyance aveugle et sans fondement. Mais, d'un autre côté, les suggestions du sens commun n'ont rien d'aveugle ou d'irrationnel ; elles dérivent de notions qui, pour être confuses, n'en sont pas moins réelles et ne fournissent pas moins à nos jugements une base solide et légitime. Thomas Reid se trompe encore lorsqu'il se persuade que la philosophie n'a d'autre rôle à remplir, au sujet de la croyance qui nous occupe, que d'en constater l'existence et de la mettre au nombre des principes qu'on doit prendre pour accordés. Il est vrai qu'il ne faut pas chercher à la justifier par des raisonnements abstraits, pris en dehors de la nature et des aspirations de notre esprit , ainsi que l'a fait la philosophie cartésienne ; mais il peut être bon de l'expliquer. Il ne faut pas se poser la question : Y a-t-il des corps ; devons-nous croire à leur existence ? Mais il conviendra de se demander : D'où vient que nous y croyons ; sur quel fondement se fonde cette croyance ? Comment, et d'après quelles données et à l'aide de quels principes se forme-t-elle ? Sans doute, il n'est pas absolument nécessaire de résoudre ces problèmes pour que l'existence du monde extérieur ne soit l'objet d'aucun doute, car on peut connaître d'une manière très-certaine sans savoir rigoureusement comment on connaît, comme on peut ignorer l'origine de la lumière qui nous éclaire ou la marche qu'elle suit pour arriver jusqu'à nos yeux, sans être pour cela autorisé à en nier l'éclat ; mais, enfin, leur solution n'en est pas moins d'un haut intérêt pour la science de l'esprit humain, et elle est de plus, pour les esprits philosophiques, pour tous ceux qui veulent se rendre un compte rigoureux de leurs jugements, un impérieux besoin.

Nous avons cherché à donner cette solution, en mettant à profit les résultats obtenus par les travaux des plus récents psychologues sur cette partie de la connaissance humaine. Nous avons essayé de mettre en lumière les motifs parfaitement rationnels, suivant nous, les raisonnements secrets sur lesquels se fonde la foi commune à la réalité des choses sensibles. Cette foi nous a paru, ainsi qu'aux maîtres dont nous voudrions avoir justifié et complété la pensée, notamment à Maine de Biran et à Royer-Collard, se réduire à une conclusion immédiate, tirée naturellement par notre esprit, de certaines impressions que nous trouvons en nous, à leur cause extérieure. La certitude qui lui est propre dépend donc de celle de la conscience qui nous fait connaître ces impressions[1], et de celle de l'intuition

[1] *Ibid.*

rationnelle par laquelle nous est révélé le rapport nécessaire de tout fait à sa cause. Occupons-nous maintenant de ces deux dernières.

II. *Objections contre la conscience; erreurs et objections tendant à détruire la psychologie.* — Nous ne reviendrons pas sur les arguments que Kant et Malebranche tirent de leurs idées systématiques, pour prouver que la conscience ne mérite pas le nom de connaissance, en alléguant, le premier, que l'âme ne saurait être donnée en intuition, ce qui signifie dans son langage qu'elle n'est pas un objet sensible, qu'elle n'est pas matérielle et étendue; le second, que l'âme ne saurait être perçue dans son idée absolue. Nous croyons aussi en avoir dit assez pour réduire à sa juste valeur l'ingénieuse tentative que fait l'auteur de la *Critique* à l'appui de cette paradoxale négation et de sa bizarre théorie du sens intime, pour réduire la connaissance immédiate du sujet pensant par lui-même à un cercle vicieux[1].

Un argument à peu près dans le même goût que ce dernier, est celui qui se tire de la comparaison rebattue dans l'antiquité et si inconsidérément repro-

[1] *Ibid.*, chap. IV.

duite par quelques auteurs récents, de l'esprit s'exerçant sur lui-même à un sens qui tenterait de saisir
son propre organe. L'œil, dit-on, ne saurait se voir
lui-même : comment l'être pensant percevrait-il et la
pensée et son être propre qui en est le sujet? Voilà
qui est vraiment bien concluant! De ce que l'œil
ne peut se voir, ou plutôt (car l'œil ne voit jamais,
c'est l'esprit qui voit par le moyen de l'œil), de ce que
nous ne pouvons voir nos yeux, entendre notre ouïe,
goûter notre palais, il faudra conclure que nous ne
saurions connaître nos propres pensées et nos sentiments par un mode de perception qui n'a rien de commun avec ce que nous nommons voir, entendre, goûter?
De ce que la connaissance sensible dépend de certaines
conditions, il faudra conclure l'impossibilité de tout
mode de connaissance qui n'offrira pas ces conditions?
Nos sens ne peuvent nous faire connaître nos propres
organes par une raison bien simple, c'est que la connaissance que nous leur devons a pour unique objet
des causes de sensation qui n'agissent sur nous qu'en
agissant d'abord sur ces mêmes organes. Il est clair
que nul organe ne peut exercer cette action sur lui-
même : l'œil ne peut réfléchir des rayons de lumière
sur sa propre surface, ni l'oreille émettre et diriger
vers elle-même des ondes sonores, ni une partie de

notre corps se toucher, s'opposer de la résistance à
elle-même ; elle peut seulement toucher une autre partie, comme l'œil peut recevoir l'impression des rayons
de lumière qui se réfléchissent sur certains points de
la surface du corps autres que ceux qu'il occupe ; de
même pour nos autres sens, et c'est ainsi, grâce à la
multiplicité de nos appareils sensitifs, que nous parvenons à les connaître. Mais, parce que nous ne pouvons
connaître directement chacun d'eux par lui seul, parce
qu'une faculté de connaître, ne pouvant par sa nature
avoir d'autre objet que les causes extérieures de nos sensations, ne saurait atteindre ce qui subit avec nous
l'action de ces causes, il faudrait nous étonner lorsqu'on nous parlera d'une connaissance immédiate de
nous-mêmes, qui n'a rien de commun ni avec cette
faculté ni avec la sensation, et nous devrions regarder
cette connaissance comme impossible? Le seul sujet
d'étonnement, c'est de voir qu'il puisse se rencontrer
encore des esprits sérieux qui essaient de nous arrêter par de telles puérilités, et de nous obliger à nier
sur un tel fondement un fait que nous ne saurions révoquer en doute sans douter de notre propre existence ;
c'est aussi qu'on puisse oublier que, sans cette connaissance immédiate du sujet pensant et de ses modes,
la connaissance des objets sensibles serait impos-

sible, puisqu'elle repose sur la connaissance de nos sensations.

On le voit par ces exemples : il est difficile de se créer des prétextes plausibles pour nier la conscience. Il ne l'est pas moins de maintenir cette négation jusqu'au bout; ceux qui le tentent affirment nécessairement ce qu'ils voudraient nier, par cela même qu'ils énoncent la pensée de cette négation, car c'est par la conscience qu'ils constatent cette pensée; ils l'affirment encore à chaque pas de leur prétendue démonstration, et en énonçant chacune des pensées qui la constituent; leurs paroles se détruisent, et s'accusent elles-mêmes de contradiction et d'impuissance.

Si l'erreur qui nie absolument la conscience prévient ses propres dangers par son excès même, il n'en est pas de même de quelques autres qui, ne heurtant pas aussi ouvertement le sens commun, n'en aboutissent pas moins pour la science presque aux mêmes conséquences. Sans vouloir en rien méconnaître la distance immense qui sépare ces erreurs de celles qui constituent le scepticisme proprement dit, nous croyons qu'elles lui viennent trop bien en aide pour qu'il nous soit permis de les passer sous silence. Telle est d'abord celle qui refuse à la conscience un objet propre, distinct de celui des autres facultés de l'esprit. Il est vrai, disent, par exemple, Condillac [1] et Broussais [2] , «nous connaissons que nous sentons, » mais cette connaissance fait essentiellement partie de la sensation et de la connaissance de l'objet senti ; on ne peut l'en séparer que par une vaine abstraction. Un disciple de Thomas Reid, combattant sur ce point la doctrine de son maître, ajoute avec plus de force et d'autorité : « *Nous connaissons, et nous connaissons que nous connaissons.* Ces propositions, *logiquement* distinctes, sont *réellement* identiques ; l'une implique l'autre. *Nous ne connaissons* (c'est-à-dire ne sentons, percevons, imaginons, nous souvenons, etc.), qu'autant que nous *connaissons* que nous *connaissons ainsi ;* et nous ne connaissons que nous *connaissons que nous connaissons* qu'autant que nous connaissons de *telle* ou *telle* manière. Ainsi, l'adage scholastique est vrai, qui dit : *Non sentimus, non sentire nisi sentiamus.* . . . . Je puis sentir sans percevoir, je puis percevoir sans imaginer, je puis m'imaginer sans me souvenir, me souvenir sans juger, et juger sans vouloir. Un de ces actes ne suppose pas immédiatement l'autre. Quoique ce soient de simples modes d'un même et indivisible sujet, ce sont des mo-

[1] *Traité des sensations.*
[2] *De l'irritation et de la folie.*

6

des en relations mutuelles réellement distincts, et qui
en conséquence admettent une distinction psychologique. Mais, puis-je sentir sans avoir la conscience que
je sens? Puis-je me souvenir sans avoir conscience
que je me souviens? Puis-je aussi avoir conscience sans
avoir conscience que je perçois, que j'imagine ou que
je raisonne, que j'opère enfin dans un de ces modes
déterminés qui, d'après Reid, seraient l'acte d'une
faculté spécifiquement distincte de la conscience? Reid
convient lui-même que la chose est impossible [1]. » De
là, M. Hamilton conclut que Th. Reid, et après lui
Dugald-Steward, Royer-Collard et autres, ont fait une
fausse analyse en représentant la conscience comme
une faculté distincte des autres facultés de l'àme,
ayant, comme celle-ci, un objet propre; que «... la
conscience n'est pas un des modes particuliers auxquels on peut réduire notre activité intellectuelle, mais
bien la forme fondamentale, la condition générique
de tous ces modes [2]. »

Entendons-nous bien : nous reconnaissons le double
lien réciproque que l'on signale ici comme unissant
indissolublement la conscience aux autres modes de

---

[1] *Fragments de philosophie*, trad. de M. L. Peisse; *Théorie de la
perception.*
[2] *Ibid.*

la vie intellectuelle et morale. Nous admettons, par suite, que la conscience dépend des autres facultés, qu'elles seules peuvent lui fournir une matière et un objet; qu'elle ne saurait s'exercer en l'absence de tous les faits que sa fonction propre est de nous faire connaître, pas plus que la vue ne saurait s'exercer en l'absence de tout objet visible, le tact sans objet tangible, l'ouïe sans objet sonore; et, réciproquement, que tous les faits de la vie intérieure impliquent la conscience; qu'on ne peut sentir, vouloir, connaître, sans savoir que l'on sent, que l'on veut, que l'on connaît. Nous irons même plus loin : nous avouerons sans peine que l'étendue du développement de la conscience dépend du développement des autres facultés de notre nature intellectuelle et morale, comme celui du sens de la vue dépend de la variété des formes et des couleurs offertes à nos regards; celui de l'ouïe, de la diversité et de la multitude des sons ou des combinaisons de sons auxquels nous avons l'occasion de l'appliquer. De là résulte une conséquence que nous sommes loin de repousser, à savoir : que le psychologue, toutes choses égales d'ailleurs, connaîtra d'autant mieux toutes les puissances de son être, qu'il les aura plus exercées dans toutes les directions; que, par exemple, pour bien connaître celles qui constituent

l'intelligence humaine, il devra ne pas détourner ses
regards des diverses sciences où s'offrent à notre observation les plus parfaits modèles de leurs opérations; que, quand on veut connaître le cœur humain,
il est bon d'avoir beaucoup senti et vécu, etc. Nous
n'avons aucun intérêt à nier ces vérités, car elles ne
portent aucune atteinte aux intérêts de la science;
d'ailleurs elles sont incontestables.

Va-t-on plus loin, veut-on que la conscience
dépende tellement des autres modes de la vie intellectuelle et morale, qu'elle ne soit pas susceptible d'un
autre développement que celui qui résulte du développement de ces modes, et que la connaissance des
facultés de l'âme ne puisse différer d'homme à homme,
que par l'effet du plus ou moins grand déploiement d'activité de ces facultés et la multitude des faits offerts par
ce déploiement à l'observation interne; dans ce cas,
il est clair que la psychologie doit être rayée du cata-
logue des sciences, qu'elle se résout dans celles qui
ont pour objet les choses extérieures, et qu'il n'y a plus
d'autre philosophie que celle qu'on peut trouver dans
ces résumés encyclopédiques qu'on a décorés de nos
jours du titre de philosophie positive, parce qu'ils ne
contiennent pas un mot de philosophie proprement
dite. Mais, alors aussi, on sort complètement des faits

et de la vérité. Qui oserait soutenir, en effet, qu'il suffit d'avoir beaucoup raisonné, pour avoir sur la nature du raisonnement et sur ses différents modes, toutes les lumières d'un Aristote, d'un Descartes, d'un Bacon, d'un Leibnitz ; d'avoir beaucoup exercé sa vue, pour connaître le phénomène psychologique de la vision, comme ont cherché à nous le faire connaître Malebranche et Th. Reid ; beaucoup senti, pour connaître le cœur humain comme l'ont connu, je ne dirai pas seulement Platon, Malebranche, Adam Smith, mais encore Virgile, Racine, Corneille ou Molière? En fait, la conscience peut se développer en deux sens très-distincts : l'un en superficie, si j'ose ainsi dire, par la multitude et la diversité des faits auxquels la conscience peut avoir l'occasion de s'appliquer en chacun de nous ; l'autre en profondeur, par le travail immanent de la réflexion sur ces mêmes faits. Ce travail n'ajoute rien à la somme de nos connaissances ; mais grâce à lui nous parvenons à mieux connaître ce que nous connaissions déjà ; nous pouvons nous rendre un compte plus rigoureux de nos pensées, ramener nos jugements à leurs principes, nos idées à leurs éléments, en même temps que concevoir ces éléments et ces principes avec un degré de clarté bien supérieur à celui qu'ils présentent dans

leur état primitif. Non-seulement il se distingue de
celui du savant, qui accumule et compare les faits extérieurs ou bien combine et analyse les vérités connues
pour en tirer la connaissance de nouvelles vérités,
mais il lui répugne à beaucoup d'égards et semble ne
pouvoir se concilier que bien difficilement avec l'élan
d'un esprit que ses habitudes ou ses tendances entraî-
nent vers les objets divers et multiples de l'imagination et des sens. Il exige, comme toute œuvre sérieuse,
sinon une vocation spéciale, au moins un dévouement
particulier.

En distinguant la conscience des autres facultés de
l'esprit, on ne fait donc pas une vaine abstraction, et
il n'y a pas lieu d'aller jusqu'à regretter, comme le
fait M. Hamilton, que ce mot ait trouvé place dans la
langue philosophique. Une vaine abstraction est une
abstraction stérile, une abstraction dont on ne fait
aucun usage. Une abstraction non vaine est une abstraction féconde par les considérations auxquelles elle
donne lieu, telle qu'est par exemple l'abstraction de
l'étendue pour la géométrie, celle du mouvement
pour la mécanique, celle du nombre et de la quantité pour l'arithmétique et l'algèbre. On ne peut traiter
de vaine et stérile, une abstraction qui sert à définir
tout un ordre de recherches aussi importantes que

celles qui ont pour objet tout le monde intellectuel et moral.

Mais voici que, d'un autre côté, on conteste la possibilité de ces recherches ; on reproduit de nouveau, à cette occasion, l'argument tiré de l'œil qui ne saurait se voir lui-même ; on compare l'œuvre du psychologue à celle d'un pauvre fou qui voudrait qu'on pût être à la fois spectateur et acteur dans un même rôle, regarder dans ses propres yeux. D'ailleurs , ajoute-t-on , ces phénomènes sont trop variables et trop mobiles pour pouvoir fournir matière à une science digne de ce nom. Enfin, objecte-t-on encore , la conscience ne peut atteindre qu'un seul sujet , et la première loi de toute science expérimentale est de prendre pour base de ses spéculations et de ses inductions, des faits nombreux et divers[1].

Nous pourrions faire ici une réponse analogue à celle de Diogène ; et , au besoin, le livre, excellent d'ailleurs sous tant d'autres rapports, d'où nous tirons ces objections, suffirait (nous sommes heureux de rendre cet hommage à l'auteur), indépendamment de

---

[1] Ce n'est pas sans surprise que nous trouvons ces objections reproduite dans le remarquable *Essai* de M. Cournet : *Sur les fondements de nos connaissances* (chap. 23), où elles sont d'ailleurs, nous devons le reconnaître, présentées avec beaucoup de force.

tant de grands monuments que la science de l'esprit
ou celle du cœur humain offrent à notre admiration,
pour nous fournir cette réponse ; mais la question est
trop grave et les arguments qu'on nous oppose trop
spécieux, pour que nous puissions nous en tenir là et
nous dispenser de soumettre ces arguments à un examen
direct.

Nous ne saurions le nier , la psychologie offre des
difficultés sérieuses ; mais il faut se garder d'exagérer ces difficultés et surtout de les transformer mal
à propos en impossibilité absolue. La difficulté que
nous éprouvons à être à la fois acteur et observateur
dans les mêmes faits, vient uniquement de ce que
notre activité est limitée et ne peut s'appliquer simultanément avec succès à plusieurs objets différents.
Quand l'esprit est tout tendu à suivre laborieusement
une démonstration ardue et compliquée, ou à chercher
la solution d'un problème, il ne saurait avoir la liberté
de se replier en même temps sur lui-même pour observer comment il opère et comment se succèdent ses
pensées dans le travail absorbant auquel il se livre.

Mais qu'il s'agisse de quelque opération plus facile,
par exemple de celle par laquelle nous saisissons le
rapport des termes d'un simple syllogisme, ou que
ces opérations compliquées nous deviennent fami-

lières par l'habitude, nous verrons cette liberté renaî-
tre, et le savant géomètre ou autre, qu'il s'appelle
Descartes, ou Leibnitz, ou bien Aristote, trouver le
moyen de découvrir et de nous dévoiler le secret de
son génie. A plus forte raison cette liberté ne saurait-
elle nous faire défaut, quand il s'agit des faits qui
ne dépendent pas de nos efforts, tels par exemple
que nos joies ; nos douleurs, nos craintes, nos espérances, à la condition toutefois que ces impressions
n'aillent pas, dans l'excès de leur violence, détruire
l'activité elle-même et nous ôter l'usage de nos facultés.

Les faits de la vie intérieure sont assurément très-
mobiles et très-variables. Mais d'abord, les plus fu-
gitifs laissent dans la mémoire des traces plus ou moins
durables dans lesquelles l'observation peut les saisir
et les analyser, comme on peut retrouver dans une
image daguerrienne mille détails qui auraient pu
échapper au regard, dans l'objet que cette image représente. Remarquons, en second lieu, que cette variabilité et cette mobilité ne s'étendent pas également
à tout : il n'en est pas autrement du flot mobile de
nos sentiments et de nos pensées, que des eaux mobiles d'un fleuve. Ici, les éléments qui s'offrent successivement à nos yeux sont constamment de même
nature. C'est toujours spécifiquement la même eau,

ce sont toujours les mêmes rives et le même lit.
C'est aussi toujours la même âme, le même moi, toujours doué des mêmes puissances, qui s'offre à notre
observation dans la conscience; ses désirs, ses craintes,
ses espérances, ses joies, ses tristesses variables, sont
toujours des craintes, des désirs, des joies, des espérances ; ses pensées sont toujours soumises aux mêmes
lois et aux mêmes formes. Or, ce sont ces formes, ces
faits généraux, ces lois constantes et uniformes qui
sont l'objet de la science, et non les accidents insigni-
fiants que peuvent offrir les phénomènes éphémères
auxquels elles s'appliquent.

Le défaut capital de la faculté d'observation intérieure, c'est de ne pouvoir jamais porter directement
que sur un seul sujet, chacun ne pouvant avoir conscience que de son être propre, de ses propres sentiments et de ses propres actes. Ce défaut, nous devons le reconnaître, peut avoir des conséquences fâ-
cheuses ; toutefois, ces conséquences ne sont pas
aussi étendues qu'elles pourraient le paraître au premier abord, et elles sont loin de rendre impossible
la science de l'être spirituel. D'abord, remarquons
qu'il n'en est pas de cette science comme des sciences
physiques et naturelles, dont le principal soin doit être
de recueillir le plus grand nombre possible de faits

particuliers, pour induire de la comparaison de ces faits les lois générales dont ils sont l'expression. Elle a moins pour but de nous faire lire de nouveaux mots dans le livre de la nature, que de nous apprendre à en bien épeler les éléments et à les discerner avec netteté; et si parfois elle s'attache aux lois qui règlent l'assemblage de ces éléments, les moyens à l'aide desquels elle parvient à les connaître diffèrent essentiellement de ceux à l'aide desquels le physicien parvient à faire jaillir cette connaissance d'une multitude de faits divers. Qu'est-ce que connaître, qu'est-ce que juger, concevoir, raisonner? qu'est-ce qu'aimer, haïr, désirer, vouloir, agir librement? qu'est-ce que le bien, qu'est-ce que le beau, qu'est-ce que l'être, la substance, la cause, le temps, l'espace? Voilà ce que le philosophe cherche avant tout, et ce que chacun peut découvrir par la réflexion, s'appliquant, soit à ses propres idées, soit directement aux modes ou attributs de son être propre qu'elles représentent, et ses auditeurs ou ses lecteurs à découvrir en eux-mêmes, comme le naturaliste nous aide, par la description faite sur un sujet individuel d'une espèce végétale ou animale, à discerner les mêmes traits dans un autre individu de la même espèce.

Quant aux lois de nos sentiments et de nos pen-

sées, il n'est pas toujours nécessaire, pour les établir,
de recourir à la comparaison de faits nombreux et
variés ; les plus importants sont perçus intuitivement
par la conscience. La réflexion suffit pour m'apprendre
par quelles causes, quels motifs, quels sentiments,
quels arguments sont déterminés ma conviction, ma
résolution, mon amour; et je ne suis pas réduit à
savoir seulement que ma volonté, ma conviction se
produisent à la suite de telles pensées, de tels sentiments, de telles circonstances extérieures ou inté-
rieures, comme je suis réduit, suivant la judicieuse
remarque de Hume, à savoir uniquement que l'ébul-
lition de l'eau ou la fusion de la cire succèdent à l'ap-
proche du feu, le mouvement du corps choqué au
contact du corps choquant, sans pouvoir découvrir
par mes sens le comment de cette succession.

Enfin, pour les rapports de dépendance qui ne se
révèlent pas immédiatement à la conscience, tels, par
exemple, que ceux qui résultent de l'union de l'âme
et du corps, nous avons, pour suppléer à l'insuffisance
de la conscience individuelle, le témoignage d'autrui
et l'étude de tous les faits par lesquels se manifestent
au dehors, soit dans l'histoire, soit dans la société au
sein de laquelle nous vivons, les puissances de l'âme
humaine. Sans doute, ces faits ne révèlent que d'une

manière incomplète et souvent équivoque les faits in-
térieurs dont ils sont l'expression ; mais, à cet égard,
la condition de la psychologie n'est pas inférieure à
celle des autres sciences biologiques, notamment à
celle des sciences médicales, réduites à étudier les
affections morbides, leurs lois et leurs causes, dans
les symptômes par lesquels elles se manifestent au
dehors. D'un autre côté, elle l'emporte sur ces dernières par le double avantage qu'a le psychologue de
pouvoir saisir directement le fait interne, au moins
dans un sujet, et de pouvoir s'éclairer sur les autres
sujets par le témoignage d'autres observateurs.

III. *Des principes des vérités nécessaires (principe d'identité, — principe de causalité, — réfutation de Hume).*—Le pouvoir de connaître se manifeste
dans l'homme par deux principaux faits étroitement
unis, sans doute, mais néanmoins profondément distincts : percevoir ce qui est, et juger *à priori* de ce qui
doit être. Ce dernier constitue la connaissance rationnelle proprement dite. Comme le remarque très-bien
Kant, elle est de deux sortes : le jugement rationnel
ne fait parfois que développer la notion du sujet, il est
alors purement analytique; d'autres fois il ajoute à
cette notion un nouvel élément, lorsque, par exemple,

nous rapportons le fait à sa cause ; dans ce cas, l'auteur de la *Philosophie critique* le nomme, avons-nous
dit, jugement synthétique *à priori*.

Les jugements analytiques sont tous fondés sur la
loi d'identité ou de non-contradiction, à savoir que
« toute chose est ce qu'elle est et ne saurait être en
même temps l'opposé, que les contradictoires s'ex-
cluent, que la vérité de l'une entraîne la fausseté de
l'autre, et réciproquement. »

Le principe de non-contradiction est la base unique
d'une foule de jugements ; il est la loi essentielle du
raisonnement, puisque la conclusion n'a de force que
par l'impossibilité où nous sommes de la repousser
après avoir admis les prémisses, sans nous mettre en
contradiction avec nous-mêmes. Mais ce n'est pas assez
dire ; il faut ajouter que le principe de non-contradiction est la condition rigoureuse de tout jugement ; car
du moment qu'on attribue une qualité quelconque à
un sujet, on repousse évidemment, par cela même, la
négation de cette qualité. Sans lui, toute pensée même
est impossible ; tout se dissout, tout se dissipe dans le
néant, tout se sépare de soi, tout s'oppose à soi ; point
d'unité, point d'être, point d'objet. D'un autre côté,
comme l'a remarqué Aristote, nulle chose ne se distingue d'une autre chose ; tout est un ; car si tout est

faux, tout est vrai, tout peut être affirmé de tout. Renverser ce principe, c'est renverser la science par sa base, c'est détruire l'esprit humain lui-même. Il n'est rien, sans doute, par lui seul, mais il est comme le brut granit sur lequel repose un bel édifice. Cette roche grossière n'est rien par elle-même, mais dès qu'on l'ôte tout s'écroule.

Ce principe devrait, ce semble, rester en dehors et au-dessus de toute discussion ; cependant il est loin d'avoir été à l'abri des atteintes du scepticisme et de l'esprit de système. Il fut même, dans le sein de la philosophie grecque, l'objet d'attaques assez sérieuses et assez vives pour contraindre un Platon et un Aristote de consacrer à sa défense tous les efforts de leur génie ; et un des plus puissants esprits de ce temps, Hégel, a tout au moins pu sembler vouloir renouveler à ce sujet les paradoxales hardiesses des Protagoras et des Gorgias, en même temps qu'il cherchait à réhabiliter la mémoire de ces hommes célèbres et à les relever de l'opprobre attachée au nom par lequel on les qualifie.

Ainsi que le remarque Aristote, on ne saurait songer à démontrer le principe d'identité, puisqu'il est la condition de toute démonstration. Une telle démonstration serait d'ailleurs parfaitement superflue ; car quelle évidence pourrait l'emporter sur

l'évidence immédiate de ce principe?« On ne peut ,
ajoute ce philosophe , l'établir que par voie de réfuta-
·tion. » « Il ne faut pas, poursuit-il , demander à son
adversaire s'il y a ou s'il n'y a pas quelque chose , ce
serait supposer ce qui est en question ; mais seulement s'il attache un sens à ses paroles? S'il dit que
non , il ne mérite plus de réponse ; ce n'est pas un
homme , mais une plante. S'il dit oui , il avoue donc
qu'il y a quelque chose de déterminé ; car, si les
mots signifient que quelque chose est ou n'est pas , il
n'est pas vrai que l'affirmation et la négation sont
également légitimes[1]. » En d'autres termes , il faut ou
se taire ou affirmer simplement l'axiome. Le sophiste
ou le sceptique l'affirment, au moment même où ils
énoncent leur négation ou leur doute ; car, assurément,
lorsqu'ils disent : « Je doute, » ils n'admettent pas qu'on
doive entendre ces paroles de telle sorte qu'il leur fût
également permis de dire qu'ils ne doutent pas ; leurs
paroles mêmes se démentent et la nature, plus forte
que tous les sophismes, les force à renier leurs propres paradoxes.

Cette réfutation suffit pour fermer la bouche au sophiste, mais elle ne suffit pas pour guérir le scepti-

[1] Voy. *Métaphysique*, tom. IV.

cisme. Pour en triompher, il faut combattre le mal dans sa cause. Suivant Aristote et Platon, cette cause devrait être cherchée dans les erreurs du sensualisme. « Toute l'erreur, dit l'auteur de la *Métaphysique*, est venue de la considération du monde sensible : voyant que d'une même chose résultent des produits opposés.., on en a conclu que toute chose est à la fois les deux opposés : ainsi Anaxagore, qui disait que tout est mêlé à tout ; ainsi Démocrite, qui mettait partout le plein et le vide…. C'est aussi le monde sensible qui a suggéré à Protagoras sa doctrine que toute apparence est vraie. Il la déduisit de la variété des sensations chez les hommes et chez un même homme en divers temps ; car d'un côté il faisait résider toute la sensation dans la connaissance, et par conséquent il considérait toute sensation comme vraie ; de l'autre, il regardait la sensation comme un changement. » Platon tient un langage analogue, et Hegel semble abonder dans le sens des deux philosophes grecs, lorsqu'il affirme que Gorgias est irréfutable au point de vue des objets sensibles.

Ces appréciations sont fondées à beaucoup d'égards ; toutefois nous ne saurions les admettre sans restriction : la perception sensible n'implique par elle-même aucune contradiction, elle ne dément en rien le prin-

7

cipe qui nous occupe. Les notions et les affirmations
opposées qui résultent des sensations diverses pro-
duites par un même corps, ne sont nullement, en
effet, la négation l'une de l'autre. A la rigueur, elles
ne se rapportent pas à un même objet, mais bien à des
objets réellement différents, savoir : le rapport de la
chose sensible, tantôt à telle sensation, tantôt à telle
autre. L'un des termes venant à varier, le rapport peut
changer quoique l'autre terme reste le même, sans
qu'il y ait la moindre contradiction. Il ne suffit donc pas
de considérer exclusivement le monde sensible, pour
être conduit invinciblement à nier la loi fondamentale
de l'esprit.

Mais l'erreur du sensualisme n'est pas tout entière
dans cette considération exclusive ; il en commet une
plus profonde, qui est d'identifier la notion et l'affirmation avec la sensation, et le rapport de la connaissance à l'objet connu avec le rapport de la sensation
à sa cause. De là vient, premièrement, que les effets
d'une même cause agissant sur divers sujets, deviennent à ses yeux des notions contradictoires d'un même
objet, ce qui serait, en effet, opposé au principe ; et,
en second lieu, que tout, dans l'objet, jusqu'à son
être même, dont la notion est impliquée dans toutes les
énonciations qui s'y rapportent, n'a plus aucune fixité

et devient tout relatif à notre propre pensée. Or, nous croyons l'avoir démontré à l'occasion de Kant, ainsi entendu, le sensualisme n'est pas seulement une erreur qui ne saurait tenir devant le plus simple exposé des faits ; c'est, de plus, un vrai non sens.

L'axiome d'identité ne saurait souffrir aucune exception. On ne peut pas plus, comme on le voit, contester la légitimité de son application aux objets sensibles, que son usage dans la sphère de la pure abstraction, à laquelle semble vouloir le borner Hegel ; car c'est vraisemblablement à ces termes qu'il faut réduire les paradoxales négations qu'on a si vivement reprochées à ce hardi dialecticien. Si Hegel eût voulu simplement nous prémunir contre certains abus auxquels on est exposé, en ramenant ce principe des hauteurs de la spéculation abstraite et des idées absolues, sur le terrain des choses changeantes, mélangées, relatives et variables du monde au sein duquel nous vivons, on ne saurait trop lui en savoir gré. Nous lui accordons : 1º que des qualités opposées peuvent coexister dans un même sujet, par exemple l'activité et la passivité, l'unité et la pluralité dans l'âme, et que c'est à tort que l'on concluerait de la présence de l'une à l'absence de l'autre ; 2º qu'il y a souvent un milieu à prendre plutôt qu'un choix à faire entre les propositions ou les doctrines qui se disputent notre assentiment, en cherchant à se détruire l'une l'autre ; et que, comme le remarque Hegel, le dilemne est un mode de raisonnement dangereux et très-souvent sophistique ; 3° qu'il n'y a rien ici-bas d'absolu ; que les contraires, le bien et le mal, l'erreur et la vérité, la lumière et les ténèbres, se trouvent fréquemment mélangés dans les mêmes sujets en mille proportions diverses ; 4° que ce mélange est souvent tel, qu'il est impossible de qualifier les choses et de les faire rentrer dans le cadre de nos classifications et de nos nomenclatures, par exemple de décider si telle espèce appartient à tel genre voisin ; si tel moment de l'aube ou du crépuscule appartient au jour ou à la nuit ; si tel sujet peut être dit avoir telle qualité ou la qualité opposée, être malade ou en état de santé, vertueux ou vicieux ; que souvent on a presque le droit de dire tout à la fois qu'il n'a ni l'une ni l'autre des deux qualités, et qu'il les possède toutes les deux ; 5° nous n'hésiterons pas non plus à accorder le fait dont on a fait si grand bruit sous le nom d'identité des contradictoires, à savoir : que les qualités les plus opposées peuvent être identiques à certains égards, c'est-à-dire, offrir certains traits communs. L'oubli de ces faits, nous en convenons encore, donne lieu à beaucoup de mauvais raisonnements où l'on abuse d'une manière très-fâcheuse de la loi des contradictoires.

Mais l'abus d'un principe ne saurait en infirmer en rien la valeur, ni en condamner le bon usage. De ce que l'on commet, par exemple, beaucoup de faux dilemmes, il ne s'ensuit pas qu'il ne faille pas se rendre aux véritables. De ce qu'on a trop souvent le tort d'opposer des notions qui ne sont pas contradictoires et qui offrent un milieu, il ne s'ensuit pas qu'il puisse y avoir jamais un milieu entre deux propositions véritablement contradictoires ou qu'on puisse jamais, soit les admettre, soit les repousser simultanément. De ce qu'un même sujet peut offrir un mélange de qualités opposées, il ne s'ensuit pas que la nature démente la loi des contradictoires, car ce n'est jamais en même temps, sous le même rapport et au même égard, qu'un sujet peut être dit être et n'être pas ceci ou cela. De ce qu'il n'y a rien d'absolu dans les objets de l'expérience; de ce que rien n'est bon comme le bien lui-même, beau comme la beauté en soi, vrai comme la vérité même, il ne s'ensuit pas que tout soit égal à tout, et qu'il n'y ait aucun choix à faire entre les choses. Entendre ainsi le principe de l'éclectisme, principe excellent par lui-même, c'est le pousser jusqu'à l'absurde et l'exagérer d'une manière aussi déraisonnable que dangereuse. Enfin, de ce qu'il n'y a aucune chose qui comparée à une autre n'offrît avec celle-ci quelque trait de similitude, il ne s'ensuit pas que tout soit absolument identique à tout, que tout doive être confondu, comme le voulaient les sophistes combattus par Aristote.

Principe de causalité ou de la raison suffisante. — Réfutation de Hume. — Parmi les principes qui nous servent à étendre *à priori* nos jugements, en ajoutant à l'idée du sujet un nouvel élément, le plus important sans contredit et qui, suivant Leibnitz, les contient tous, est celui qui nous fait rapporter tout ce qui arrive à une cause ou, plus généralement, supposer une raison suffisante de tout ce qui est. Ce principe, avons-nous vu, est le fondement de presque toute notre connaissance. Sans lui, non-seulement la nature serait une lettre morte où nous ne pourrions découvrir aucun sens, un assemblage de faits incohérents que nous ne pourrions ni lier entre eux pour servir de base à nos inductions et à nos prévisions, ni rapporter à leur principe souverain; mais elle n'existerait même pas pour nous, nous serions à jamais et nécessairement réduits à la conscience solitaire de notre moi et de ses modes.

On conçoit donc l'intérêt qu'ont eu les sceptiques

et les nihilistes de tous les temps, à combattre ce grand principe. Parmi les objections auxquelles il a été en butte, les plus graves de beaucoup et les plus dignes d'examen, par l'importance des problèmes psychologiques qu'elles soulèvent, sont celles de Kant et de Hume. Ces deux philosophes ont essayé, l'un et l'autre, de détruire la valeur objective de nos jugements sur les causes, premièrement en dérivant ces jugements de sources étrangères à la raison, deuxièmement en démontrant que la raison ne saurait ni les donner ni les justifier.

Dans leurs explications hypothétiques de l'origine des jugements de causalité, le philosophe anglais et le philosophe allemand s'accordent à réduire la cause à un pur phénomène précédant un autre phénomène. Ils diffèrent en ce que, pour Hume, la liaison qui s'établit dans notre esprit entre le phénomène cause et le phénomène effet est un produit ultérieur de l'imagination et de l'habitude [1]; tandis que pour Kant, elle

---

[1] « Si nos conclusions expérimentales ne sont pas fondées sur des arguments en forme, il faut qu'elles le soient sur quelque autre principe qui ait autant de poids et d'autorité que l'argumentation, et dont l'influence dure autant que la nature de l'homme.

» Ce principe se nomme *coutume* ou *habitude*. Toutes les fois que la réitération fréquente d'un acte particulier a fait naître une

naît avec la pensée elle-même, dont elle est, dans le système de la *Critique*, une condition subjective essentielle.

Ces deux hypothèses sont également fausses, et dans ce qui les distingue l'une de l'autre, et dans ce qu'elles ont de commun. Non, il n'est pas vrai, comme le veut Hume, que nos jugements sur les causes ne soient qu'un résultat passif de l'habitude et de son empire sur l'imagination. S'il en est qu'on pourrait rapporter à cette source, un plus grand nombre naissent évi-

disposition à reproduire le même acte, sans que ni le raisonnement, ni aucune opération intellectuelle s'en mêlent, nous disons que cette disposition est l'effet de la *coutume*.................. Nous avançons une proposition sinon vraie, au moins très-intelligible, en disant qu'après avoir observé la liaison constante de deux choses, par exemple de la chaleur avec la flamme, ou de la solidité avec la pesanteur, nous ne sommes déterminés que par l'habitude à conclure de l'existence de l'une de ces choses l'existence de l'autre. Cette hypothèse paraît même la seule propre à expliquer pourquoi nous concluons de mille cas ce que nous ne saurions conclure d'un cas unique, quoique le même à tous égards. La raison ne varie pas ainsi : les mêmes conclusions qu'elle tirerait de la contemplation d'un cercle, elle les tirerait après avoir contemplé tous les cercles de l'univers; au lieu que personne, après avoir vu un seul corps se mouvoir ayant été choqué par un autre, n'oserait affirmer que tous les corps sans exception seraient mis en mouvement par un choc semblable. Donc, aucune induction expérimentale ne procède du raisonnement; elles naissent toutes de la *coutume*. » (Hume ; *Essais philosophiques*, 5ᵉ Essai.)

demment de la pure activité de l'esprit s'exerçant hors des conditions de l'habitude, sans que l'habitude ait eu même le temps de se produire, et indépendamment de la fréquente réitération des impressions successives qui doit lui donner naissance et établir entre les phéno- mènes la seule liaison dont ils soient susceptibles aux yeux de notre sceptique. On ne comprend pas qu'une telle vérité puisse être méconnue par quiconque a ja- mais jeté les yeux sur une page de physique ou de chimie, ou de quelque autre science expérimentale. A qui, en effet, n'est-il pas arrivé mille fois d'être con- duit par un acte instantané d'attention, à induire, des faits portés à sa connaissance, les conclusions les plus indubitables et en même temps les plus étendues, ou à réformer les associations les plus invétérées? Qui ne sait qu'une seule expérience bien conçue, telle, par exemple, que celle de Cawendish sur l'attraction, peut servir à mettre hors de doute la loi la plus gé- nérale? Et alors même qu'une multitude de faits est nécessaire pour donner une base suffisante à nos inductions, qu'est-ce que cela prouve en faveur de l'hy- pothèse, si la conviction qui en résulte peut se produire en un seul instant, et si nous pouvons nous rendre compte, comme nous nous en rendons compte en effet très-facilement, des motifs qui la déterminent et des raisonnements auxquels cette multitude de faits sert de prémisses?

L'hypothèse de Kant, nous l'avons vu, n'est pas plus soutenable : il suffit, pour la réfuter, de lui opposer les faits dont abuse Hume; comme il suffit, pour réfuter Hume, de lui opposer la part de vérité contenue dans la doctrine de Kant. Si, parmi nos jugements sur les causes, il en est qui dépendent de la succession des faits perçus, ils ne sont donc pas tous *à priori*, et leur nécessité ne provient pas toujours de l'impossibilité où nous serions, sans leur aide, d'ordonner les phénomènes dans le temps. Si, d'un autre côté, il y a des jugements *à priori*, tous nos jugements ne proviennent donc pas de l'habitude.

Mais il ne suffit pas de détruire les fausses hypothèses des sceptiques; il faut aussi réduire à néant les paralogismes qui leur font méconnaître la véritable origine de nos jugements. Nous avons déjà essayé de répondre à l'argument tiré par Kant de ce qu'il nomme le caractère synthétique du principe qui nous occupe, c'est-à-dire, de ce fait que «rien, dans l'idée d'une chose qui arrive, n'implique le rapport à une cause.» Cet argument est irréfutable, avons-nous dit, au point de vue de la logique cartésienne, où l'on pose en principe que, pour qu'un axiome puisse être admis comme vrai, il faut que le sujet en contienne évidemment l'attribut. C'est le mérite de Kant d'avoir très-bien vu que l'axiome de causalité échappe à cette règle ; mais conclure de là, comme il le fait, que ce principe est étranger à la raison et à la vérité, c'est supposer ce qui est en question. Pourquoi, en effet, les intuitions de notre raison se borneraient-elles au seul rapport du contenant au contenu? Pourquoi aussi nos idées ne pourraient-elles être unies que par cette sorte de rapport et à l'aide d'un moyen terme syllogistique? Pourquoi ne pourraient-elles pas l'être à l'aide d'une autre sorte de moyen terme, tel que celui que nous avons essayé de définir?

Voyons maintenant les arguments de Hume. Nous ne pouvons, dit l'auteur des *Essais*, connaître les causes, ni par la raison, ni par l'expérience, soit seule, soit unie à la raison. « Je hasarderai ici, dit cet auteur, » une proposition que je crois générale et sans excep- » tion ; c'est qu'il n'y a pas un seul cas assignable où » la connaissance du rapport qui est entre la cause et » l'effet puisse être obtenue *à priori ;* mais, qu'au con- » traire, cette connaissance est uniquement due à l'ex- » périence, qui nous montre certains objets dans une » liaison constante. Présentez au plus fort raisonneur » qui soit sorti des mains de la nature, à l'homme

» qu'elle a doué de la plus haute capacité, un objet
» qui lui soit entièrement nouveau, laissez-lui exa-
» miner scrupuleusement toutes ses qualités sensibles;
» je le défie, après cet examen, de pouvoir indiquer
» une seule de ses causes, ou un seul de ses effets.
» Les facultés de l'âme d'Adam nouvellement créé,
» eussent-elles été plus parfaites encore qu'on ne les
» décrit, ne le mettraient pas en état de conclure de
» la fluidité et de la transparence de l'eau, que cet élé-
» ment pourrait le suffoquer; ni de la lumière et de
» la chaleur du feu, qui serait capable de le réduire
» en cendres. Il n'y a point d'objet qui manifeste par
» ses qualités sensibles les causes qui l'ont produit, ni
» les effets qu'il produira à son tour ; et notre raison,
» dénuée du secours de l'expérience, ne tirera jamais
» la moindre induction qui concerne les faits et les
» réalités[1]. La recherche la plus exacte, l'examen le
» plus profond, ne nous peut faire lire un effet dans
» sa prétendue cause : ce sont-là deux choses tota-
» lement différentes, et qui ne se rencontrent jamais
» ensemble. Le mouvement de la seconde bille est un
» événement tout à fait détaché du mouvement de la
» première ; et il ne se trouve pas la moindre circon-

---

[1] *Ibid.*, 4ᵉ Essai, 1ʳᵉ part.

» stance dans l'un qui puisse suggérer l'idée de l'autre.
» Une pierre ou une pièce de métal est soutenue dans
» l'air : ôtez-lui son support, elle tombera ; mais, à
» considérer la chose *à priori*, que trouvons-nous dans
» la situation de la pierre qui puisse faire naître la
» notion d'en bas plutôt que celle d'en haut, ou de toute
» autre direction[1] ?..... En envisageant un de ces ob-
» jets que nous appelons cause, et en raisonnant sur
» lui *à priori*, indépendamment de toute observation,
» nous ne voyons absolument rien qui nous suggère la
» notion distincte d'un second objet que nous puis-
» sions nommer l'effet du premier ; encore moins
» pourrons-nous comprendre cette liaison indissoluble
» et inaltérable que l'on suppose entre les deux objets.
» Il faudrait assurément une sagacité bien supérieure
» à la nôtre, pour trouver que le cristal est produit par
» la chaleur, tandis que la glace est produite par le
» froid ; pour le trouver, dis-je, par un simple raison-
» nement, et sans avoir préalablement étudié les di-
» verses opérations des qualités sensibles[2]. »

« C'est en vain, dit le même philosophe, que nous
» promenons nos regards sur les objets qui nous envi-

---

[1] *Ibid.*
[2] *Ibid.*

» ronnent, pour en considérer les opérations ; nous
» n'en sommes pas plus en état de découvrir ce pouvoir,
» cette liaison nécessaire, cette qualité qui unit l'effet
» à la cause, et rend l'une de ces choses la suite in-
» faillible de l'autre : nous voyons qu'elles se suivent;
» et c'est tout ce que nous voyons. Une bille frappe
» une autre bille; celle-ci se meut : les sens extérieurs
» ne nous apprennent rien de plus. D'un autre côté,
» cette succession d'objets n'affecte l'âme d'aucun sen-
» timent, d'aucune impression interne : donc, il n'y a
» point de cas où la causalité nous puisse instruire sur
» l'idée de pouvoir ou de liaison nécessaire.

» A la première vue d'un objet, nous ne saurions
» deviner l'effet qui peut en résulter; cependant, si notre
» esprit découvrait le pouvoir et l'énergie des causes,
» nous devrions non-seulement le deviner, mais le pré-
» voir sans expérience même, par la seule force du
» raisonnement, et prononcer là-dessus avec certitude.

» La vérité est que nous ne voyons rien dans les
» qualités sensibles des diverses parties de la matière,
» qui manifeste ce pouvoir ou cette énergie, ni qui
» donne lieu d'imaginer que ces qualités soient de na-
» ture à produire quoi que ce soit, ou qu'elles doivent
» être suivies de quelque chose que l'on puisse appe-
» ler leur effet. La solidité, l'étendue, le mouvement,

» sont autant de qualités complètes en elles-mêmes.
» Elles n'indiquent aucun autre événement qui en puisse
» être le résultat. La scène de l'univers est assujettie
» à un changement perpétuel, les objets se suivent
» dans une succession continuelle; mais le pouvoir,
» ou la force qui anime la machine entière, se dé-
» robe à nos regards [1]. »

Ces considérations, quand elles seraient d'une parfaite justesse, ne prouveraient, dans tous les cas,
qu'une seule chose : c'est que la raison et l'expérience sensibles, séparées ou unies, sont impuissantes
à nous faire jamais connaître d'une manière précise
la cause particulière et déterminée de tel ou tel fait
sensible; elles ne prouveraient absolument rien contre
le principe général de causalité, ni contre une foule
d'autres axiomes généraux d'un grand usage dans les
sciences, tels par exemple que ceux-ci : Les mêmes
causes produisent les mêmes effets; L'effet doit être
présent là où la cause est présente, absent là où elle
est absente; Tout ce qui est contenu dans l'effet doit
être contenu dans la cause.

Pour ce qui est des causes particulières des divers
faits sensibles, il est certain, et c'est le mérite de Hume

---

[1] *Ibid.*, 7e Essai.

d'avoir mis cette vérité hors de doute, que nos sens ne peuvent par eux seuls nous en donner la moindre idée et que la raison, même aidée par eux, nous laisse ignorer complètement ce qu'elles sont en elles-mêmes. Mais ce n'est pas à dire pour cela que nous n'en puissions absolument rien connaître. Quoiqu'elle ne puisse pas les saisir dans leur nature intime, la raison ne laisse pas de pouvoir en acquérir, à l'aide des données de l'expérience et en s'appuyant sur les axiomes que nous venons de rappeler, une connaissance indirecte et relative, très-imparfaite sans doute, mais suffisante pour servir aux besoins de la science, pour justifier et expliquer les divers procédés de l'induction, objet spécial des attaques de notre sceptique. Quelque grande, en effet, que soit notre ignorance de la cause ou de la raison d'un fait, nous savons au moins très-certainement que cette cause ou cette raison d'être se trouve parmi la foule des circonstances qui l'entourent, c'est-à-dire parmi les autres faits à la suite ou au milieu desquels ce fait s'est produit. Nous pourrons donc conclure que toutes les mêmes circonstances se reproduisant, le fait devra se reproduire ; et même tirer cette conclusion, avec plus ou moins de vraisemblance, du retour d'une partie plus ou moins grande de ces circonstances. Or, c'est en cela que consiste proprement le raisonnement par analogie, qui est le premier degré de l'induction. De plus, si un fait est soumis à diverses expériences, certaines circonstances qui l'ont accompagné dans une de ces expériences, dans un des cas observés, venant à manquer dans un autre, nous pourrons évidemment les retrancher comme étrangères à la cause; par suite nous serons autorisés à considérer comme contenant cette cause, comme loi ou condition suffisante du fait, les circonstances invariables. C'est bien là, il est aisé de le reconnaître, l'induction de Bacon. Enfin, qu'un fait se soit constamment produit dans mille et mille expériences à la suite de tel autre fait, le plus simple calcul de probabilité suffira pour nous conduire invinciblement à penser que cet ordre constant provient d'une cause autre que le hasard, d'une cause constante et dont les effets seront à l'avenir ce qu'ils ont été dans le passé. C'est là l'induction numérique des géomètres [1].

Ce qui offusque particulièrement Hume et lui semble le mieux justifier son hypothèse, c'est de voir notre confiance dans le retour des mêmes événements croître ainsi avec le nombre des expériences. « De la

[1] Voy. Laplace, *Essai sur les probabilités*; Lacroix, *Traité élémentaire du calcul des probabilités*; M. Cournot, *Exposition de la théorie des chances et des probabilités*, etc., etc.

» ressemblance des causes nous concluons, dit-il, celle
» des effets ; c'est là le sommaire de toutes nos con-
» clusions expérimentales. Or, si cette conséquence
» était l'ouvrage de la raison, il me semble qu'elle
» devrait être tout aussi parfaite la première fois, et
» dans un seul cas donné, qu'elle pourrait le devenir
» après le cours le plus long d'expériences réitérées.
» Mais il en est tout autrement : rien ne se ressemble
» davantage que les œufs ; personne cependant n'ira
» se promettre, sur cette similitude apparente, de
» trouver dans tous le même goût. Dans chaque genre,
» ce n'est qu'après une longue suite d'expériences ho—
» mogènes que nous acquérons une ferme assurance,
» une sécurité entière, par rapport aux événements
» particuliers. Mais quelle est donc cette chaîne de rai-
» sonnements qui nous force à tirer d'un seul cas donné,
» des conclusions si différentes de celles que nous ti-
» rons de cent cas de la même nature, et qui ne diffè-
» rent en rien du premier ? Ce n'est pas uniquement
» pour faire naître des difficultés ; c'est dans le dessein
» de m'instruire que je propose cette question. Je ne
» puis trouver, je ne puis même imaginer le raison·
» nement dont il s'agit ; mais mon âme est ouverte à
» l'instruction, il n'y a qu'à prendre la peine de l'y
» introduire.

» Me dira-t-on que d'une certaine quantité d'expé-
» riences uniformes, nous inférons qu'il y a une liai-
» son nécessaire entre les qualités sensibles et les
» vertus secrètes ? J'avancerai que je ne vois en ceci
» que la même difficulté en d'autres termes. La ques-
» tion revient toujours : Sur quelle suite d'arguments
» cette induction est-elle fondée ? Quel est le terme
» moyen ? Où sont les idées qui servent à réunir des extrê-
» mes entre lesquels il y a une si grande distance ? On
» convient généralement qu'on n'aperçoit rien, ni dans
» la couleur, ni dans la consistance, ni dans les autres
» qualités sensibles du pain, qui ait la moindre assi-
» milité avec les facultés secrètes de nourrir et de con-
» server ; si l'on y voyait quelque chose de pareil,
» on serait en état de distinguer les facultés secrètes
» des qualités sensibles dès leur première apparition,
» et sans recourir à l'expérience, ce qui est nié de
» tous les philosophes, et démenti par le fait [1]. »

On ne sait vraiment qu'admirer le plus ici, de l'ignorance qu'affecte l'auteur, ou de la singulière témérité
des conclusions qu'il en déduit. Les géomètres ont
depuis longtemps clairement résolu le problème dont
il croit pouvoir triompher ; ils ont donné la raison

---

[1] *Essais philos.*, 5ᵉ essai.

mathématique du fait dont il se montre si étonné ; je
veux parler du progrès de notre conviction croissant
avec le nombre des cas observés ; et on n'a qu'à ou-
vrir le premier venu de leurs Traités sur les probabilités, pour y trouver ces idées moyennes prétendues
impossibles. Du reste, le plus simple bon sens suffit,
ce me semble, pour les découvrir. Si un joueur gagne
dix mille parties de suite, il n'est pas besoin de beaucoup de subtilité pour voir quelle est la raison pour
laquelle on doit le voir s'attendre à gagner la dix mille
et unième [1] ! L'événement constaté indique une cause
dont nous pouvons ignorer la nature, mais dont nous savons tout au moins qu'elle doit pouvoir suffire à rendre
compte de l'effet produit. Il n'est pas vraisemblable
que cette cause soit ce qu'on nomme le hasard ; car
dans l'hypothèse du hasard l'effet eût été très-invraisem-
blable, et on sait que chacune des causes auxquelles
un événement observé peut être attribué, est indiqué
avec d'autant moins de vraisemblance, qu'il est moins
probable que cette cause étant supposée exister, l'événement aura lieu. Mais une cause qui n'est pas le
hasard est une cause constante, où, pour parler avec
plus de précision, une cause dont l'action doit se lier

---

[1] Voy. les *Traités sur les probabilités* cités ci-dessus.

invariablement aux circonstances qui sont sous nos yeux. Tant que ces circonstances seront les mêmes, cette action devra donc être la même, et il devra en être de la dix mille et unième expérience comme des dix mille qui l'ont précédée. Voilà tout le mystère ; voilà comment nous pouvons inférer des faits connus leur cause, et de la cause ainsi obtenue les faits inconnus ; voilà la série des idées moyennes qui nous conduisent à conclure, du grand nombre des cas dans lesquels deux faits se sont montrés constamment unis, leur union dans l'avenir. Il y a loin de là à une association mécanique provoquée par l'habitude.

Mais, pour que nous puissions raisonner sur les causes, concevoir que tout fait est produit par une cause, etc., il faut avoir l'idée de cause. Or, objecte notre sceptique, d'où peut nous venir cette idée? Suivant lui, le sens interne est aussi impropre que les sens externes à nous la donner.

L'argumentation de ce philosophe sur ce point a été trop complètement et trop bien discutée pour que nous ayons besoin d'y insister [1]. Au fond elle revient à alléguer que « l'influence des volitions sur les organes corporels

---

[1] Voy. *Œuvres* de Maine de Biran, tom. IV, et le *Dictionnaire des sciences philosophiques* de M. Frank.

est un fait, comme le sont toutes les autres opérations de la nature, » c'est-à-dire que nous ne percevons, ici comme partout, qu'un simple rapport de succession, et « qu'on ne saurait prévoir le fait considéré comme effet dans l'énergie de sa cause [1]. » Maine de Biran nie absolument la parité, et ce nous semble avec quelque fondement. Ici, disposant d'un des deux termes du rapport, nous pouvons le faire cesser ou continuer, le faire varier de mille manières, et nous sentons toujours le second terme cesser, continuer ou varier comme lui. Le rapport de dépendance est d'une évidence qui crève les yeux. Toutefois on pourrait peut-être soutenir que ce rapport est plutôt conclu des circonstances que nous venons d'indiquer, qu'immédiatement perçu par la conscience, et que, bien loin que nous puissions en avoir tiré originairement l'idée de cause, nous serions dans l'impossibilité de le concevoir, si cette idée n'était préalablement dans notre esprit. Mais le sens intime nous révèle en nous un autre rapport, que Hume a passé sous silence et qui ne peut laisser subsister le même doute ; je veux parler du rapport du moi, du sujet permanent et invariable à ses propres déterminations. Ici, il ne s'agit plus de deux

_____

[1] *Essais philos.*, 7ᵉ essai.

faits qui se succèdent sans qu'on sache trop pourquoi
ni comment, et qu'on peut très-bien concevoir l'un sans
l'autre ; il s'agit de deux termes dont chacun ne peut
ni être conçu et défini, ni exister sans l'autre et sans le
rapport qui les unit. Qu'est-ce, en effet, que la volition
sans le moi voulant, ou le moi sans la volition ? Il faut
donc que nous percevions ces deux faits simultanément
et dans leur union. Que faut-il de plus pour nous
donner l'idée de cause efficiente ? D'un autre côté, la
conscience du rapport de nos volitions à nos sentiments et à nos jugements, de nos jugements aux notions
qui les déterminent, ne suffirait-elle pas amplement
pour nous donner l'idée générale de dépendance et de
raison d'être ? Du reste, cette idée s'offre à nous partout. Le premier raisonnement venu suffirait pour nous
la donner ; car la conclusion a toujours sa raison d'être
dans les principes d'où nous l'inférons. Plusieurs
sciences des plus importantes roulent tout entières
sur elle seule ; par exemple la statique et la dynamique, qui cherchent dans l'intensité relative et la
direction des forces, la raison de la direction de la
vitesse du mouvement, ou bien les lois et les conditions de l'équilibre ; le calcul des probabilités, véritable
dynamique intellectuelle qui cherche dans la comparaison de ce que les géomètres nomment chances, la

raison déterminante de nos opinions ; l'histoire telle que l'ont conçue Tacite et Montesquieu, et souvent aussi la morale. Quelque opinion qu'on se plaise à adopter sur la valeur objective d'une notion qui joue un tel rôle dans les opérations de notre esprit, on ne saurait être autorisé à nier la présence de cette idée en nous, pour les obscurités que pourrait offrir la question de son origine.

Un mot, avant d'abandonner ce sujet, sur les arguments des sceptiques de l'antiquité. Ils diffèrent essentiellement de ceux qui viennent de nous occuper ; ils se déduisent de certaines difficultés plutôt métaphysiques que psychologiques, auxquelles donne lieu l'idée de cause. Les principales de ces difficultés sont les deux suivantes, qui s'appliquent surtout à la cause souveraine, et qui seraient beaucoup moins graves si elles ne disparaissaient complètement, appliquées à l'idée d'une cause agissant avec le concours d'autres causes. Premièrement, la cause doit précéder l'effet pour pouvoir le produire, et, d'un autre côté, il semble qu'elle ne saurait exister sans l'effet, puisqu'elle lui est relative. Deuxièmement, l'effet est autre que la cause, ou il n'en diffère pas, il ne contient rien qui ne soit dans la cause. Dans le premier cas, comment peut-il en naître ; comment la cause peut-elle le produire sans cesser d'être elle-même? Dans le second cas, l'effet n'est pas produit, il a toujours existé.

Il y a dans chacun de ces arguments une subtilité sophistique et un problème sérieux. Dans le premier, la subtilité sophistique consiste à supposer que, parce que la cause, en tant que cause de tel effet, suppose cet effet, elle ne saurait exister à d'autres titres, soit comme cause d'autres effets, soit sous quelque autre mode. Le problème sérieux est celui-ci : La cause peut-elle exister indépendamment de toute manifestation relative? La réponse négative à cette question appliquée à la cause absolue s'exprime par l'idée de la création éternelle, et appliquée aux causes relatives par celle de l'âme pensant toujours, de la monade toujours agissante. L'idée la plus opposée à celle de la création éternelle serait celle qu'on se formerait de la cause souveraine, en se la représentant comme subsistant en soi et dans son unité absolue, indépendamment de toute relation à l'univers. Entre ces deux extrêmes se place l'idée d'un Dieu en relation de toute éternité, seulement par son intelligence et son verbe, avec la multitude des choses répandues dans l'espace et dans le temps.

Pareillement, dans le second argument, si on se représente la cause comme une unité immobile toute

renfermée en soi et dont la notion serait pleinement
constituée indépendamment du temps et de tout rapport à l'effet, il est clair qu'on ne saurait, sans détruire cette notion, y ajouter celle de ce rapport ; ce
serait supposer que A peut être égal à $A + b$. Mais
il n'en est pas ainsi, dès que l'on conçoit la cause
comme une unité vivante, se développant dans le
temps, sinon quant à son être absolu, au moins en
tant que cause ; dès qu'on ajoute à la notion qui la représente, celle de son rapport à un de ses effets, ce n'est
plus A devenant $A + b$; c'est $A - b + b = A$.
Reste seulement ce problème : Comment un principe, un
en soi, peut-il se développer en une suite de manifes-
tations successives ? Comment la pluralité peut-elle
naître de l'unité ; l'unité se concilier en un même sujet
avec la diversité, et l'identité, avec la diffusion dans
le temps ? Problème redoutable assurément, ainsi que
le précédent. Mais quand ils seraient l'un et l'autre
insolubles, même à tout jamais, je ne vois pas ce qu'on
pourrait conclure de là contre la connaissance humaine, à moins qu'on ne suppose, comme le fait
trop souvent le pyrrhonisme, que nous ne saurions
rien connaître sans connaître tout, ou qu'il est impossible de connaître aucune chose avec certitude sans
la connaître parfaitement.

CONCLUSION GÉNÉRALE.

—

Ne craignons donc pas de l'affirmer : rien de moins vrai que ce mot célèbre: « La nature confond le scepticisme, et la raison confond le dogmatisme. » La vérité est, au contraire, que la raison et la nature s'accordent pleinement pour confondre le scepticisme; ou plutôt, la raison, la nature et le sens commun ne sont qu'une seule et même chose sous divers aspects et sous divers noms, à savoir : la lumière qui éclaire tout homme venant en ce monde. Tout confirme, bien loin de l'infirmer, le témoignage de cette lumière, ou plutôt elle se confirme elle-même et se justifie de plus en plus, à mesure que nous en usons davantage, que nous en usons mieux, et que nos regards pénètrent plus avant et s'étendent plus loin sur les objets qu'elle nous révèle.

Des jeux d'esprit sophistiques, des faits mal interprétés, des hypothèses sans fondement, des notions fausses ou confuses, des analyses incomplètes ou inexactes, voilà en résumé à quoi se réduit tout ce qu'on lui oppose. Si on la nie, si on nie la raison et son aptitude à nous donner la vérité, la certitude, c'est tantôt parce qu'on la dénature comme le fait le système sensualiste, tantôt parce qu'on s'obstine à détourner les regards de tous les faits dans lesquels elle éclate, en les tenant obstinément fixés sur ceux où elle fait défaut ; c'est qu'on la juge par ce qui lui est le moins propre, par les effets de son absence, de son oppression ou de son éclipse; ou bien on se forme, des conditions de la certitude et du *criterium* de la vérité, des idées contradictoires auxquelles il est impossible d'imaginer que rien au monde puisse satisfaire. Si on nie quelqu'une des facultés qui servent à la constituer, quelqu'une des parties essentielles de la connaissance, c'est, ou parce qu'on ne les comprend pas, comme un ouvrier malhabile et présomptueux qui, ne pouvant concevoir le mécanisme d'un horloge, nierait *à priori* la possibilité des effets de ce mécanisme (c'est ce qui est arrivé à Hume pour l'induction, à Berkeley pour la connaissance sensible, à Kant pour les jugements synthétiques *à priori*); ou bien parce qu'on part de définitions arbitraires et qu'on prend pour mesure des faits qui devraient servir à les juger; ou bien, enfin, par l'effet de quelque subtilité sophistique telle que celles que nous avons vu opposer à la conscience de notre existence.

Non, grâce à Dieu, le dernier terme des efforts de l'intelligence humaine, pour se rendre compte d'elle-même, ne doit pas être de condamner sans retour toutes ses premières affirmations, de réduire toute vérité à celle de son impuissance radicale, et d'isoler le philosophe de la vie commune, en le confinant tristement dans le sentiment désolé du néant de toute pensée humaine. Il est au contraire de corroborer de plus en plus celles de ces affirmations qui sont vraiment fondées sur la raison et rigoureusement conformes à ses lois; de porter au comble notre foi dans la lumière qui nous éclaire, en même temps que de nous apprendre à la discerner de plus en plus des trompeuses lueurs qui en usurpent l'apparence, et, tout en nous apprenant à nous méfier de notre faiblesse et à reconnaître les limites, hélas! sans doute bien étroites, imposées à nos facultés, de nous encourager à exercer notre activité dans ces limites, et à nous attacher avec confiance à la partie de la vérité qu'il nous est donné d'atteindre et de percevoir clairement.

Voilà tout ce que nous avons voulu établir. C'est bien du labeur, pensera-t-on peut-être, pour un aussi mince résultat. Nous ne le nions pas; mais ce labeur était inévitable. Quand le terrain nous était disputé par un ennemi aussi redoutable que celui auquel nous

avons essayé d'opposer nos trop faibles efforts, il
fallait bien nous en assurer la possession avant d'essayer, soit de marcher, soit de bâtir, ou de nous reposer à l'abri des constructions élevées par nos de-
vanciers. Cet ennemi repoussé, le scepticisme réfuté,
le principe de l'autorité de la raison maintenu, tout
n'est pas dit assurément : ce principe n'est rien par
lui-même ; il n'est pas même le commencement de la
science, mais enfin tout en dépend. On ne saurait le
détruire ni même en affaiblir le sentiment, comme doit
le faire inévitablement le scepticisme, sans tout com-
promettre, non-seulement l'avenir de la science aussi
bien que son influence actuelle, mais encore les notions spontanées et universelles du sens commun,
celles particulièrement qui servent d'aliment aux
âmes, de fondement à la vie morale, et enfin tous les
grands intérêts qui, chez un être dont l'essence est la
pensée, peuvent dépendre de l'usage de la pensée. Ce
principe rétabli dans sa plénitude, la raison reprenant
ses droits et son autorité, la vie et l'ardeur sont
rendues à la science, l'avenir lui est ouvert en même
temps que ses conquêtes passées sont garanties ; les
esprits sont encouragés à chercher dans les féconds
travaux de l'étude cet ineffable bien de la vérité, qu'il
est également dangereux de tenir pour indifférent ou

pour impossible à atteindre, comme le fait le pyrrhonisme, et de demander à l'exaltation fébrile des puissances aveugles de la sensibilité et de l'imagination.
Grâce à l'influence bienfaisante de ce principe, les
mœurs, les lois, tous les faits qui dépendent de la volonté humaine s'élèvent de plus en plus à la hauteur
du vrai, du bien et du juste ; le sens commun cesse de
se réduire aux proportions d'un instinct irrésistible,
seulement en ce qu'il a d'aveugle, d'animal, et, pour
ainsi dire, de mécanique. Par cela seul que les notions
naturellement dévolues à tous reprennent leur vraie
valeur et que toutes les facultés qui le constituent sont
maintenues dans leur autorité légitime, le monde spirituel et moral et aussi le monde divin des vérités
nécessaires et éternelles nous sont rendus. Le monde
sensible lui-même recouvre sa signification, sa grandeur et sa beauté ; nous voyons dans les êtres qui s'y
révèlent à nos regards, autre chose que de vains fan-
tômes de notre imagination, dans leur ordre autre
chose qu'une association mécanique provoquée par des
habitudes accidentelles, ou une synthèse fantastique
ayant pour cause l'action d'un entendement dont les
lois n'auraient rien de commun avec la nature des
choses. Le sentiment de la réalité rentre dans nos
âmes, et avec lui le sentiment du devoir, que certains

esprits plus honnêtes que sensés ont cru vainement
pouvoir maintenir, au moment même où ils ôtaient
tout but, toute utilité, tout objet même à nos actions.

Indépendamment des vérités dont elle nous met en
possession, la raison produit d'ailleurs, par le seul
fait de sa présence et de son autorité reconnue, une
foule d'heureux effets : Elle met l'homme en paix avec
ses semblables, en s'offrant à tous comme un juge
équitable aux pieds duquel nous devons porter nos
différends, et aussi avec lui-même, en établissant entre
les diverses parties de son être le seul ordre stable
et légitime. Elle remplit l'âme des sentiments les plus
salutaires, les plus propres à l'élever et à la fortifier.
Quoi de plus ravissant, en effet, que de voir les
enseignements de cette humble raison, toute bornée
qu'elle puisse être, partout confirmés, partout d'accord
avec eux—mêmes et avec la vérité, et tout ce qui les
contredit ou dément leur autorité convaincu d'impuissance et de sophisme ; que de sentir en elle la
présence d'un maître bienfaisant qui, plus on le con-
sulte, plus il nous éclaire ; plus on le suit, moins on
est sujet à tomber ou à s'égarer ; plus on s'y fie, plus
on a sujet de s'y fier ! Quelle idée grande et rassu-
rante ce seul fait ne nous donne-t-il pas du principe
éternel de notre être, au lieu des désolantes pensées

que nous forcent à en concevoir les doctrines qui ne voient dans ce qu'il y a de meilleur en nous, qu'une cause d'égarement, de déception ou de ruine!

Cette idée a tant de prix à nos yeux, qu'alors même que nous n'aurions recueilli d'autre fruit de la pénible étude à laquelle nous venons de nous livrer, que de nous y affermir et d'y affermir avec nous, ne fût-ce qu'un seul de nos lecteurs, nous n'aurions pas sujet de regretter la fatigue que cette étude nous a coûtée.

FIN.

Maurial. Le Scepticisme combattu dans ses principes. Analyse et discussion des principes du Scepticisme de Kant. 1857, in-8.   4 fr.

Barni (agrége de philosophie). Éléments métaphysiques de la doctrine du Droit, traduits de l'allemand de Kant (1re *Partie de la Metaphysique des Mœurs*); suivis d'un Essai philosophique sur la paix perpetuelle, et d'autres petits écrits relatifs au Droit naturel. 1854, 1 vol. in-8.   8 fr

Barni. Éléments métaphysiques de la doctrine de la vertu (2e *Partie de la Metaphysique des Mœurs*); suivis d'un Traité de pédagogie et divers opuscules relatifs à la morale, traduits de Kant, avec une introduction analytique et critique du traducteur. 1855, in-8.   8 fr.

Baret. Espagne et Provence. Études sur la littérature du midi de l'Europe. Pour faire suite aux travaux de Raynouard et de Fauriel. 1857, in-8.   5 fr

Beaussire, professeur. Lectures philosophiques, ou Leçons de logique extraites des auteurs dont l'etude est prescrite par l'Université. 1857, 1 vol. in-18.   3 fr.

Bouillier (Fr.) correspondant de l'Institut, doyen de la Faculté des lettres de Lyon. Histoire de la Philosophie Cartesienne, dans le XVIIe et dans le XVIIIe siecle en France et à l'étranger. 1854, 2 forts vol. in-8.   14 fr.

Bouillier (Fr.). Analyse critique des ouvrages de philosophie exigés pour l'admission au baccalauréat es lettres. Paris, 1856, in-12,   2 fr. 50

Cambouliu. Les femmes d'Homère. 1855, in 12.   2 fr. »

Denis (J.), professeur. Histoire des Théories et des idées morales dans l'antiquité. 1856, 2 vol. in-8.   10 fr.

Pelissier (agrégé de philosophie, professeur au Collége et à l'École preparatoire de Sainte-Barbe). Precis d'un Cours élémentaire de Logique, conformément aux nouveaux programmes. 1856, 1 fort vol. in-12.   3 fr.

Pour paraître prochainement,

ESSAI SUR L'HISTOIRE

DE LA

LITTÉRATURE CATALANE,

Suivi de la **Comedia de la gloria d'amor** de Fra Rocaberti,

Poëme inédit du xve siècle,

TEXTE ET TRADUCTION,

PAR F.-R. CAMBOULIU.

2e édition.

Montpellier. — Typogr de DOEHM, place de l'Observatoire.